吉林师范大学教材出版基金资助

珍珠球运动教程

佟云龙◎著

人民体育出版社

图书在版编目（CIP）数据

珍珠球运动教程 / 佟云龙著. -- 北京：人民体育出版社，2022（2025.7重印）

ISBN 978-7-5009-6191-8

Ⅰ. ①珍… Ⅱ. ①佟… Ⅲ. ①满族－民族形式体育－中国－教材 Ⅳ. ①G852.9

中国版本图书馆CIP数据核字(2022)第130677号

珍珠球运动教程

佟云龙　著

出版发行：人民体育出版社

印　　装：廊坊市蓝华印刷有限责任公司

开　本：710×1000　16开本　印张：10.5　字　数：184千字
版　次：2022年9月第1版　印　次：2025年7月第4次印刷
书　号：ISBN 978-7-5009-6191-8
定　价：56.00元

版权所有·侵权必究
购买本社图书，如遇有缺损页可与发行与市场营销部联系
联系电话：（010）67151482
社　　址：北京市东城区体育馆路8号（100061）
网　　址：https://books.sports.cn/

目 录 CONTENTS

第一章　珍珠球起源与发展 ·· 001
　　第一节　珍珠球的历史沿革 ·· 001
　　第二节　珍珠球在我国高校中的发展 ······································ 004
　　第三节　我国高校发展珍珠球的优势分析 ································· 015

第二章　珍珠球运动与健康 ·· 021
　　第一节　人体健康概述 ·· 021
　　第二节　珍珠球运动对人体健康的影响 ···································· 031
　　第三节　珍珠球运动对心理健康的影响 ···································· 040
　　第四节　珍珠球运动对社会适应能力的影响 ······························ 045
　　第五节　珍珠球运动有助于预防、辅助治疗多种疾病 ··················· 049

第三章　珍珠球运动训练 ·· 052
　　第一节　珍珠球运动的身体素质训练 ······································ 052
　　第二节　珍珠球运动的心理素质训练 ······································ 071

第四章　珍珠球比赛的技战术应用及竞赛规则 ···························· 077
　　第一节　珍珠球比赛技战术 ·· 077
　　第二节　珍珠球竞赛要求 ··· 090
　　第三节　珍珠球竞赛规则 ··· 095

第五章　珍珠球训练的疲劳恢复与营养补充 …… 117
第一节　珍珠球训练的疲劳与恢复 …… 117
第二节　珍珠球训练的营养补充 …… 125

第六章　珍珠球运动常见损伤与运动性疾病的防治 …… 139
第一节　珍珠球运动常见损伤 …… 139
第二节　珍珠球运动损伤的预防 …… 143
第三节　珍珠球运动中的监督 …… 150
第四节　珍珠球常见运动性疾病的防治 …… 154

第一章
珍珠球起源与发展

珍珠球运动是我国少数民族传统体育项目,起源于我国东北地区,原名为"采珍珠",属于大型集体球类运动项目。根据《清朝文献通考》的记载和其他考证,采珍珠作为一项传统体育活动在民间广为流传,距今已有300多年的历史。在北京市民族传统体育专家学者对采珍珠游戏进行系统整理加工修改后,这项来源于人们采集珍珠蚌的劳动实践,反映满族人早期渔猎劳动生活的游戏,已具备了较为完善的竞技比赛体系,故改名为珍珠球。

1991年,珍珠球比赛被列为全国少数民族传统体育运动会正式项目,加快了珍珠球运动的普及速度。珍珠球运动历史悠久,内容丰富,形式优美。它在发展过程中,受中国传统体育和满族文化的影响,形成了独特的竞技特性、技艺表演风格与特征,有深厚的文化底蕴、鲜明的民族特色和独特的表现形式,是中华民族传统文化与竞技体育相结合的杰出代表,具有珍贵的研究价值及观赏价值。近年来,珍珠球运动在我国东北、华北、西北、南方等少数民族聚居区发展较快。北京市、辽宁省、广西壮族自治区、四川省等地的珍珠球队为传统强队,河北省、吉林省、广东省等地的珍珠球水平上升势头迅猛。

第一节　珍珠球的历史沿革

一、珍珠球的起源

珍珠球运动源于满族古老的采珍珠生产活动。"东珠"是一种盛产于我国东北松花江、嫩江、黑龙江等流域的珍珠,它作为天然物,不仅具有"匀圆莹白""光泽圆润"的特点,而且是历代统治者权力的象征。尤其在清代,"东珠"作为赏赐和装饰品占有重要的地位，成为皇室的专有物。清代既有专门的机构，又有专门的工作人员收集、采摘"东珠"。久而久之，采"东珠"这种活动便由劳动游戏向体育运动演进。

"东珠"在我国有久远的历史，有关女真人采珠、献珠有明确的记载。金朝末年为了与蒙古议和，金朝向成吉思汗贡献大量的"东珠"。到了明朝末年，清太祖努尔哈赤为了麻痹明朝皇帝而进献"东珠"。在清朝它也有着重要的地位，在清入关前努尔哈赤时期，"东珠"的采捕管理并不是很严格，主要由八旗共管，所得"东珠"归八旗所有。皇太极时期，随着皇权不断加强，采捕所得的"东珠"逐渐归君主所有。清入关以后，"东珠"越来越少，清政府严禁民间采珠，由内务府统一组织采珠。顺治十四年（1657年），清政府在东北专门设立了打牲乌拉总管衙门管理。康熙年间，采珠业已达到了相当的规模，大小船只数百艘，牲丁上千人，大小督察官数十人，组成了采珠大军到江河区作业。据记载，每年年初开江之后，为采珠的季节，由总管率领士兵和采珠人乘船起航，按照预先设定好的线路和捕捞水域分头采捕珠蚌。"滥采乱捕"使黑龙江流域的"东珠"资源迅速萎缩，到了雍正时期，虽然采捕有所收获，但因为颗数不多，大多不能使用。即便如此，清政府的采珠规模仍然不断扩大。咸丰王朝，随着朝廷的衰落，沙俄势力的侵入，以及"东珠"资源的枯竭，黑龙江流域具有千年历史的东珠采捕业逐步走向了消亡。

采"东珠"活动蕴含着一定的健身价值，采珠人的劳作很辛苦，常常冒着严寒跳进水中与波浪进行搏击，长期的作业不仅可以使其练就健康的体魄、增强运动技能（游泳），还可以造就坚强的意志品质。人们在采珠时会经常面临各种危险的环境，不仅需要忍耐严寒、疾病与饥饿，还要克服生活的寂寞，因此如果没有坚强的意志品质很难生存下来。另外，此活动还可以提高人的心理素质。采珠时会面临许多困难，甚至有生命危险，没有过硬的心理素质很难从事该项工作。采"东珠"这一劳动过程除了具有一定的体育价值，还有一定的娱乐价值和社会价值。这是满族先人能够将这一劳动过程演变成游戏，最后进化成今天的珍珠球运动的价值所在。

采"东珠"时，大小船只浩浩荡荡地驶进松花江水域，采珠人遇到高山、古树、河口时击鼓，摆香案，放鞭炮。当他们选定好作业的水域后，生火做饭，叩拜江神，将珠把式立在船头，根据水流和浪纹判断水下是否有蛤蚌，晚上星星都出来了之后才进行捕捞，这是沿袭数百年的规矩。珠把式发现哪里有亮光，采珠人就在哪里开始作业。他们在下水前，会在嘴和鼻子上插上芦苇筒用于水中换气，然后跳入严寒的水中，抱住蛤蚌将其装入鱼皮兜中，随后摇晃绳索由船上的人将采珠人拽上来，再由采珠人将蛤蚌抛到船上。他们经常反复作业，有时会被急流冲走，是很辛苦的，而且采珠作业周期很长，有时半年回不了家，不但要忍受天寒水凉，甚至还会有生命危险。在生活中为了打发寂寞的时间，同时也为了纪念那些因采珠而死去的人，他们将采"东珠"这一劳动过程演变成了游戏。他们形象地将捕捞的抄网和蛤蚌当作运动器材，将动物的膀胱比作珍珠向船上抛，在水中的几条船相互争抢"珍珠"，后来他们将这一游戏带回到岸上用来庆祝丰收的季节。满族先人在游戏过程中不断摸索，逐渐形成简单的场地和游戏规则，在民间广为盛行。就这样，满族先人将采"东珠"这一劳动过程形象地演变成今天珍珠球运动的雏形。

据史料记载，"采珍珠"（采东珠）是当时满族人渔猎捕捞生活的主要劳动内容之一，人们将打捞上来的蛤蚌抛向渔船，站在船上的人伸出抄网接住蛤蚌，这就是满族人采珍珠的过程。人们将这一劳动过程渐渐演变成了一项民间游戏，将珍珠制成"绣球"，形象地将场地划分为"威呼（船）区、蛤蚌区、水区"。在游戏过程中，人们将绣球通过蛤蚌区抛向网兜，抛得越多代表着胜利的同时也代表着吉祥如意。这种游戏通过不断发展与进化，经过长期加工整理，产生了简单的规则和比赛方法，逐渐形成了"珍珠球运动"。（珍珠制作成皮球，大小与女子二号手球相似，水区的运动员被称作"采珠人"，防守区队员的球拍的大小、形状、颜色模拟成蛤蚌，在比赛中水区的采珠人想尽一切办法摆脱蛤蚌区的防守队员的干扰，将珍珠递交到威呼区的采珠人的抄网里，这就是最初的珍珠球运动）

二、现代珍珠球运动的发展

现代珍珠球运动兴起于20世纪80年代。据记载，1984年，北京市民族传统体育协会的相关学者对珍珠球项目进行挖掘整理，并根据篮球、手球等运动规则制定出了现代珍珠球运动规则。

1989年6月，满族体育文化研讨会在河北省承德市召开，有25个男女代表队参与角逐，并在CCTV-5体育频道播出。1991年，珍珠球被列为第4届全国少数民族传统体育运动会的正式比赛项目，当时珍珠球运动仅有10多条竞赛规则且只有10支参赛队。2003年在宁夏回族自治区举办的第7届全国少数民族传统体育运动会上,珍珠球竞赛规则已基本成熟,不但丰富到了56条,还首次推出了第一部珍珠球竞赛规程,参赛队伍也空前扩大。珍珠球运动在全国少数民族运动会上得到了认可和肯定,先后于1991年在广西壮族自治区南宁市、1995年在云南省昆明市、1999年在北京市、2003年在宁夏回族自治区银川市、2007年在广东省广州市,在第4届、第5届、第6届、第7届、第8届少数民族传统体育运动会上成为重要的比赛项目之一。

值得一提的是,在第7届全国少数民族传统体育运动会上,珍珠球在竞赛规则方面有了3个突破,一是设立了两分球;二是增添一名水区队员;三是在得分区和防守区之间设立隔离区。具体来说,就是把在得分区内未经防守方触碰的进球规定为两分球,从竞赛规则上对珍珠球项目提出了更高的技术和战术要求;把原先水区的3名队员增加到4名队员,客观上增加了比赛的对抗性,也提供了更多战术组合的空间;在得分区和防守区之间设立了间隔为40厘米的隔离区,大幅减少了球场上的混乱和纠纷。竞赛规则修整之后,珍珠球运动变得更加合理化。

第二节 珍珠球在我国高校中的发展

一、珍珠球在高校中的发展概况

众所周知,珍珠球运动除具有较强的竞技价值和文化价值,还具有娱乐价值、健身价值、教育价值等,这些价值符合当今大学生的价值观。珍珠球运动进入高校,一方面有助于加强学生的道德情操、民族文化认同和民族意识,对丰富校园文化和弘扬民族传统体育文化具有积极的作用;另一方面可以促进高校体育教学体系改革和丰富教学内容。

现今,大部分高校开设的体育课程均是现代竞技体育项目,长期固化的课程模式使部分学生在某种程度上产生疲劳感,而珍珠球的运动魅力可以给学生眼前一亮的感觉,使学校的课程体系更加丰富。珍珠球运动本身具有独特的技战术和竞赛规则,对于充实高校篮球课程教学内容具有一定的促进作用。研究表明,珍珠球运动场上位置的多样化可以满足学生角色的转换,能够使"不同"的学生在场上找到自己的存在感。珍珠球运动所具有的娱乐性、观赏性、趣味性可以丰富大学生的体育文化需求,深受广大师生的喜爱。

目前,广西、云南、贵州、湖北等地区的一些高校将珍珠球项目纳入了学校体育课程体系中,开课形式主要分为专业普修课程和公共基础课程。与此同时,各高校在开设课程的基础上还分别组建了男子运动队和女子运动队,构建了专业的师资队伍和科研团队,在地方少数民族运动会及全国少数民族运动会中都取得了优异的成绩。但就高校目前开展珍珠球运动的状况来看,仍然有一定的不足。通过问卷调查发现,我国大部分高校的学生还没有接触过珍珠球这项运动。在我国满族发源地的东北部地区,像沈阳体育学院和吉林体育学院还没有开设这门课程。

这一项目在我国开展较好的高校有哈尔滨体育学院、首都体育学院、黑龙江八一农垦大学等,但这些学校开展珍珠球运动主要以专业学生为主体,主要的开课形式为专业普修课,而像其他类的院校还没有尝试将其设为公选课。根据调查资料显示,几乎所有高校即使有珍珠球项目,也很少有专业运动队,主要原因是该运动是少数民族项目,影响力较小,学校不愿花费人力、物力去经营一个少数民族体育项目。因此,部分院校对该项目推广与提高还不够重视,没有将其列为学校开展的重点项目,致使珍珠球运动在我国高校发展相对缓慢。

二、珍珠球的高校学生受众概况

调查表明,目前我国高校大部分学生选择体育项目仍以现代体育项目为主,如篮球、健美操、体育舞蹈等项目成为学生首选。如表1-1所示,在637名男生调查对象中,选择篮球占第一位,为35%;第二位是健美操,为20%;选择珍珠球的占5%。这说明大学生仍然热衷于现代体育项目,男生愿意选择身体接触比较多、对抗比较激烈的体育项目,而篮球运动就自然成为他们的首选项目。珍珠球目前在高校开展较为缓慢,大部分学生和老师对这一项运动的了解还不够深入,但从珍珠球项目的规则、技术等方面看,它与篮球较为相似,很快就会成为男生喜好的体育项目。此外,从363名女生调查对象选择项目的情况来看,占第一位的是健美操,为28%;体育舞蹈占第二位,为23%;珍珠球占4%。女生主要以一些柔美性的健身塑形的体育项目为首选,在珍珠球项目的选择上与男生相差不多的原因是:珍珠球球体较小且易于控制,场上位置"角色"的多样性及运动本身浓厚的趣味性,使其成为部分女生的选择。

表1-1　大学生对学校开展的现代体育项目和珍珠球项目的选择情况

($N=1000$)

项目	男生选择情况/%	序位	女生选择情况/%	序位
篮球	35	1	15	4
排球	15	3	20	3
健美操	20	2	28	1
体育舞蹈	15	4	23	2
游泳	8	5	10	5
珍珠球	5	6	4	6

学生对珍珠球运动的认识较少，大部分学生从来没有听说过该项目。例如，在一些高校，只有体育学院的学生接触过该项目，而其他专业的学生很少有接触，这说明有些学校对珍珠球运动的宣传还不够。目前，大学生了解珍珠球运动的主要途径有：通过观看珍珠球比赛了解珍珠球运动的占第一位，为65%；通过参与珍珠球运动了解这一项运动的占第二位，为20%；通过传播媒介手段了解珍珠球运动的占第三位，为15%。通过分析大学生对珍珠球运动的认识途径可以发现，大部分学生对珍珠球运动有一定的兴趣，只要教师加以正确引导，并且能够给予他们更多的了解途径，学生很快会对珍珠球运动产生兴趣，那么在高校开展珍珠球运动也会变得可行。

三、珍珠球的高校体育教师概况

在我国高校珍珠球教师队伍中，高职称教师对珍珠球技术掌握较好的占少数，而有相当一部分中、低职称教师对其掌握情况不是很乐观。可以看出，在珍珠球专业教师队伍中，曾经受过专业训练或从事过珍珠球教学的老师人数并不多，同时目前的一些学校对珍珠球运动不够重视，从而导致一些学校的珍珠球教师由篮球或者排球教师充当，这在一定程度上影响了珍珠球运动在高校的开展。此外，甚至有一些教师认为珍珠球运动在高校开展没有必要性，这在某种程度上影响了高校开展珍珠球运动的热情。在目前的师资力量配备方面，应该继续加强对珍珠球专业教师的培养，通过宣传引导转变部分体育教师和学生对珍珠球的态度，努力让准备开展珍珠球运动的高校成功开展，让还没准备开展珍珠球运动的高校产生开展珍珠球项目的兴趣。

在调查 10 所高校过程中，对在校 80 名体育教师进行了调查访问，其中教授 10 人、副教授 15 人、讲师 30 人、助教 25 人。如表 1-2 所示，对珍珠球运动技术掌握非常熟练的有 12 人，占 15%，按职称分布来看，教授的人数较多；对珍珠球技术掌握比较熟练的有 16 人，占 20%，副教授在这一组中占重要比例；对珍珠球技术掌握熟练的有 20 人，占 25%，讲师占的比例较高；对珍珠球技术掌握一般的有 24 人，占 30%；而对珍珠球技术掌握不太熟练的有 8 人，占 10%，助教占的比例较大。

表 1-2　高校体育教师对珍珠球运动技术掌握情况统计

($N=80$)

技战术水平	人数/个	百分比/%	职称			
			助教	讲师	副教授	教授
非常熟练	12	15	1	2	3	6
比较熟练	16	20	2	4	8	2
熟练	20	25	4	10	4	2
一般	24	30	11	13	0	0
不太熟练	8	10	7	1	0	0

目前，高校开展珍珠球运动的主要形式是体育专业普修课。在所调查的 80 名高校体育教师中，有 40% 的教师认为应该在体育专业普修课程中开展珍珠球运动，因为对于很多学生来说，它还是一个比较陌生的项目，其技战术水平又要求较高，因此在体育专业学生中开展会更容易些；有 25% 的教师认为应该在公共体育课程中开展，这样可以扩大普及层面，加强珍珠球运动的宣传与开展；有 20% 的教师认为应该成立专业训练队，以便提高珍珠球运动水平，并且以高校代表队的身份参加大中小型少数民族运动会，提高学校的知名度；有 10% 的教师认为珍珠球运动应该在课余活动中开展，能够培养学生的体育兴趣和改善学生业余文化生活；有 5% 的教师认为应该将珍珠球运动引入社区俱乐部，这样既可以弘扬民族体育文化，又可以改善社区单一的体育活动。

四、珍珠球的科研概况

要想普及珍珠球运动，首要问题就是要对珍珠球运动进行挖掘、整理与研究。现代珍珠球运动的发展时间较短，仅经过了不到 40 年的时间，在我国各地普及程度较低，只在全国少数民族传统体育运动会和地方的民运会上具有一定的发展空间。其主要的研究成果如表 1-3 所示，有关珍珠球运动普及推广的有 3 篇，如《珍珠球运动在西部地区推广的思考》；有关珍珠球技战术的有 6 篇，如《珍珠球与篮球技、战术的迁移分析》《篮球运动在技、战术方面对珍珠球运动的补充》；关于高校开展珍珠球的有 4 篇，如《关于高校珍珠球运动开展之研究》。通过调查统计可以看出，关于珍珠球项目的科研文章仅有 32 篇，而关于高校科研类的只有 4 篇，这说明高校关于珍珠球运动的研究还很少，不利于珍珠球的普及与发展。

表 1-3 珍珠球运动科研类别一览表

(N=32)

类别	篇数/篇	百分比/%
珍珠球运动普及推广	3	9.4
珍珠球技战术	6	18.8
高校开展珍珠球	4	12.5
其他方面	19	59.4

五、珍珠球的高校项目个案

（一）教学实验设计

据调查显示，在我国高校中开展珍珠球运动的院校主要以体育院校和民族院校为主，开设项目的专业性较强。为进一步丰富珍珠球运动的发展，本实验在参考专业院校开展珍珠球运动的基础上，结合综合类院校体育课程特点进行实验设计。设计对象为吉林师范大学 2016 级、2017 级、2018 级共 286 名学生，其中体育专业学生 161 名，公共体育学生 125 名。

(二) 开展形式及其学时分配情况

目前,珍珠球运动在我国部分院校开展的形式主要以专业普修课为主,也有部分院校成立高水平的训练队,而将珍珠球运动列入大学公共体育课教学却很少有尝试。本实验设计针对该种情况,在吉林师范大学设置了专业普修课和公共选修课进行教学实验。如表1-4所示,专业普修课讲授的内容包括理论部分2学时、基本技术20学时、基本战术8学时、裁判法4学时、考核2学时;公共选修课讲授的内容包括理论部分2学时、基本技术24学时、基本战术6学时、裁判法2学时、考核2学时。

表1-4 珍珠球运动的开课形式及学时分配

课程内容	专业普修课/学时	公共选修课/学时
理论部分	2	2
基本技术	20	24
基本战术	8	6
裁判法	4	2
考核	2	2

(三) 实验教学内容、目标和评价的设置

1. 实验教学内容

珍珠球教学内容的设计,除了遵循"实践"课一般教学规律,还应考虑到珍珠球运动的价值体现,使学生能够达到强身健体、娱乐身心的目的,并能够与全民健身运动紧密地联系在一起。珍珠球运动是在一定器械辅助下进行的,参照篮球和手球的竞赛规则、技战术,以及珍珠球自身固有的技战术体系进行内容设计,具体如下:

①理论部分:珍珠球教学方法、珍珠球运动竞赛组织、裁判珍珠球简介;

②技术部分:移动、防守、传接球、运球、投篮、持球突分、抢、打、断球、挡板技术、持操技术;

③基本战术配合部分:传切配合、突分配合、掩护配合、抢过配合、补防防守、夹击防守、交换防守;

④战术部分：人盯人战术、快攻与防快攻。

2. 实验教学目标

珍珠球运动课程的具体目标为了解珍珠球运动的起源与发展，掌握基本技术与战术，学会珍珠球运动的教学方法进行教学和指导，以及运用珍珠球的锻炼手段进行科学健身指导。同时，培养学生在裁判、组织、管理和社会指导方面的能力，坚强的意志品质及吃苦耐劳、勇于创新的精神，以及团队协作能力。此外，弘扬民族体育文化和发展珍珠球运动。

3. 实验教学评价

珍珠球运动的教学评价，是指在珍珠球运动的实际开展过程中是否与预定的课程大纲、教学目标、教学内容相匹配，并检验学生掌握运动的技战术水平。通过评价得到及时的反馈信息，针对缺陷及时进行改革。

教学评价中应注意考虑以下三个内容：

①理论考核占30%（对理论讲授知识和运动技术知识进行闭卷、开卷或口试三种形式考核，并给予评价等级）；

②技术考核占60%（动作技术的讲解与示范和教学实践等环节，建立技术的评价标准）；

③平时成绩占10%。

（四）运动实验教学分析

1. 珍珠球运动有利于激发学生参加体育运动的兴趣

通过吉林师范大学的教学实验得出，学生由原来不了解珍珠球运动开始慢慢喜爱这一运动（表1-5、表1-6）。

表1-5 教学实验后，公共体育学生的学习兴趣变化

($N=125$)

学习兴趣	人数/人	比例/%	年级		
			2016级	2017级	2018级
感兴趣	34	27.2	9	15	10
比较感兴趣	57	45.6	22	20	15

续表

学习兴趣	人数/人	比例/%	年级		
			2016级	2017级	2018级
不感兴趣	34	27.2	9	10	15

表1-6 教学实验后，体育专业学生的学习兴趣变化

($N=161$)

学习兴趣	人数/人	比例/%	年级		
			2016级	2017级	2018级
感兴趣	55	34.2	15	20	20
比较感兴趣	80	49.7	20	30	30
不感兴趣	26	16.1	5	10	11

在125名公共体育学生中，对这一运动表现出比较感兴趣的占45.6%；而在161名体育专业学生中有49.7%的学生对此项运动比较感兴趣，同样都是2016级、2017级学生占较大比例。这主要因为2016级和2017级学生经过了篮球运动的普修课学习，而珍珠球运动与篮球运动相比，无论是在技战术方面，还是在竞赛规则方面都极为相似，这对于两个专业的学生来说，更容易产生浓厚的学习兴趣。另外，体育专业学生的选择高于公共体育学生，主要是因为其从事体育运动锻炼的时间更长一些，运动天赋有明显的差别，因此体育专业的学生更容易产生学习兴趣。有27.2%的公共体育学生和34.2%的体育专业学生对珍珠球运动感兴趣，2017级的学生占有较大的比例。这与进行教学实验前相比有了很大的改善，两个专业的2017级学生对篮球运动有了一定基础，但还需要进一步学习珍珠球，同时我们也可以看出，只要进行适当的引导，珍珠球运动能够被广大学生接受。另外，有27.2%的公共体育学生和16.1%的体育专业学生对此不感兴趣，2018级的学生占有较大的比例，这与学生的运动基础有一定的关系，说明我们还有培养学生学习珍珠球运动的兴趣空间。通过三个年级不同专业的教学实验可以看出，珍珠球运动在高校的宣传与推广不是一时可以解决的问题，还需要长期不懈坚持，同时也要改变学生和老师对部分民族传统体育项目的看法，使其建立对珍珠球运动的正确认识观念。

2. 珍珠球运动有利于提高学生的运动强度

实验方法：对125名公共体育学生和161名体育专业学生进行珍珠球运动的

基本技术、基本战术、教学比赛三个环节的教学，并在每个教学环节都对学生进行心率测试，其中每个教学环节 30 分钟，每个环节进行 3 次测量取平均值。公共体育学生实验前安静状态下的平均心率为 72 次/分钟，体育专业学生实验前安静状态下的平均心率为 63.1 次/分钟。如表 1-7、表 1-8 所示，公共体育学生在珍珠球运动基本技术教学训练后，经过 3 次测试的心率平均值为 125.2 次/分钟，体育专业学生在珍珠球运动基本技术教学训练后，经过 3 次测试的心率平均值为 118.6 次/分钟。珍珠球运动可以增强学生的运动强度，在投篮方面有高抛球、吊射、反弹球和地滚球，以及抄网手的左右移动操球和空中后仰操球等技术；防守方面有拍手的跳跃封挡、夹、拨、挑、捅等技术，这些技术的训练必然会导致学生的运动强度加大。公共体育学生在珍珠球运动基本战术教学训练后，经过 3 次测试的心率平均值为 131.3 次/分钟；体育专业学生在珍珠球运动基本战术教学训练后，经过 3 次测试的心率平均值为 124.6 次/分钟。珍珠球运动除了具有篮球运动的一般基本战术，还包括操手与网手、网手与内场队员、操手与内场队员之间攻防战术。公共体育学生在珍珠球运动教学比赛后，经过 3 次测试的心率平均值为 138.4 次/分钟，体育专业学生在珍珠球运动教学比赛后，经过 3 次测试的心率平均值为 136.7 次/分钟。珍珠球运动教学比赛节奏更快，场上人盯人时间更长（珍珠球比赛最常用的战术——人盯人战术），每场比赛队员至少要跑 5000 米的距离。

表 1-7 公共体育学生在珍珠球运动的三个阶段教学的平均心率情况

($N=125$)

教学阶段	珍珠球运动平均心率（次/分钟）
基本技术	125.2
基本战术	131.3
教学比赛	138.4

表 1-8 体育专业学生在珍珠球运动的三个阶段教学的平均心率情况

($N=161$)

教学阶段	珍珠球运动平均心率（次/分钟）
基本技术	118.6
基本战术	124.6
教学比赛	136.7

3. 珍珠球运动有助于提高学生的身体素质

学生的身体素质对比分析是通过对 140 名公共体育学生和 180 名体育专业学生的教学实验前、后进行体质专项测试，并对所获得的数据进行分析。如表 1-9、表 1-10 所示，在没有开展珍珠球运动前，公共体育男学生的肺活量平均值是 3352 毫升，女学生的肺活量平均值是 2284 毫升，而通过 18 周的教学训练后他们分别可达到 3618 毫升和 2512 毫升。另一组是实验前体育专业男、女学生的肺活量平均值分别为 3712 毫升和 2653 毫升，实验后分别达到 4058 毫升和 2841 毫升。从以上数据分析可以看出，珍珠球运动可以锻炼有氧耐力，从而提高学生的肺活量。

在立定跳远的测试中，教学实验前公共体育男、女学生的成绩分别是 234 厘米和 162 厘米，试验后分别达到 238 厘米和 164 厘米。实验前体育专业男、女学生的成绩为分别 278 厘米和 173 厘米，实验后分别达到 281 厘米和 176 厘米。从以上数据分析可以看出，珍珠球运动当中折返跑技术及跳跃技术能够增加学生的爆发力。

在台阶试验中，教学实验前公共体育男、女学生脉搏分别是 142 次/分钟和 152 次/分钟，实验后分别为 138 次/分钟和 148 次/分钟。实验前体育专业男、女学生的成绩分别为 132 次/分钟和 143 次/分钟，实验后分别为 127 次/分钟和 138 次/分钟。可以看出珍珠球运动比赛中的水区队员平均每人至少要跑 5000 米的距离，得分区队员的左右移动、上下跳跃的抄网，以及防守区拍手队员移动和跳跃式的防守，在一定程度上提高了学生的耐力素质。

在仰卧起坐测试中，教学实验前公共体育男、女学生的成绩分别是 28 个/分钟和 31 个/分钟，实验后分别可达到 32 个/分钟和 36 个/分钟。实验前体育专业男、女学生的成绩分别为 33 个/分钟和 37 个/分钟，实验后分别可达到 36 个/分钟和 42 个/分钟。从以上数据分析可以看出，教学实验前后学生的腰腹力量得到了一定的改善，这说明在珍珠球水区队员的投篮和防守区队员的防守，以及得分区队员的抄网得分过程中，很大程度上提高了学生的腰腹力量。

表 1-9 珍珠球运动实验教学前后公共体育学生体质的对比分析

($N=125$)

体质测试项目	实验前		实验后	
	男	女	男	女
肺活量（毫升）	3352	2284	3618	2512

续表

体质测试项目	实验前		实验后	
	男	女	男	女
立定跳远（厘米）	234	162	238	164
台阶试验（次/分钟）	142	152	138	148
仰卧起坐（个/分钟）	28	31	32	36

表1-10 珍珠球运动实验教学前后体育专业学生体质的对比分析

($N=161$)

体质测试项目	实验前		实验后	
	男	女	男	女
肺活量（毫升）	3712	2653	4058	2841
立定跳远（厘米）	278	173	281	176
台阶试验（次/分钟）	132	143	127	138
仰卧起坐（个/分钟）	33	37	36	42

4. 珍珠球运动实验教学后学生学习态度的转变

如表1-11、表1-12所示，在开展珍珠球运动实验教学前，仅有14.4%的公共体育学生和24.8%的体育专业学生认为开展这一项运动可行，另外分别有50.4%和47.2%的学生认为无所谓，还有35.2%和28.0%的学生认为没必要。这说明无论是公共体育学生还是体育专业学生，对珍珠球运动的了解很少，甚至绝大多数学生对珍珠球这项运动没有表现出多大的兴趣。实验教学不但在一定程度上提高了学生的各项生理指标，而且培养了学生学习的兴趣，同时改变了学生对于珍珠球运动开展的态度。

珍珠球运动在开展实验教学前后有着很大的变化，这说明学生有很强的接受新鲜事物的能力。从数据分析来看，有44.8%的公共体育学生和60.2%的体育专业学生认为可以在学校体育课中开展珍珠球运动，这说明他们已经建立了学习珍珠球运动的兴趣和基础。另外，有20.0%的公共体育学生和15.0%的体育专业学生认为没必要在学校体育课中开展珍珠球运动，主要的原因来自两个方面：一是对民族体育文化缺少正确认识；二是对珍珠球运动技术掌握不够，产生的兴趣不浓厚。还有35.2%的公共体育学生和24.8%的体育专业学生表示无所谓，这说明这部分学生虽然有一定的珍珠球运动基础,但还没有建立起足够的兴趣,只要我们能够培养他们积极的学习兴趣,他们还是愿意接受珍珠球运动的。以上说明珍珠球运动在吉林师范大学乃至其他高校有一定的开展空间。

表1-11 珍珠球运动开展实验教学前后公共体育学生的态度变化

($N=125$)

态度	实验前		实验后	
	人数/人	百分比/%	人数/人	百分比/%
可行	18	14.4	56	44.8
无所谓	63	50.4	44	35.2
没必要	44	35.2	25	20.0

表1-12 珍珠球运动开展实验教学前后体育专业学生的态度变化

($N=161$)

态度	实验前		实验后	
	人数/人	百分比/%	人数/人	百分比/%
可行	40	24.8	97	60.2
无所谓	76	47.2	40	24.8
没必要	45	28.0	24	14.9

第三节 我国高校发展珍珠球的优势分析

一、符合高校体育课程内容改革

从教育部、国家体育总局公布数据来看,近些年来青少年学生群体的身体素质、机能下降,肥胖率大幅增加。这与学校体育尤其是高校体育发展的程度是密不可分的。青少年学生体育基础在我国高校中呈两极分化,这已成为高校体育教学面临的严重问题,因此高校体育改革刻不容缓。

目前我国大部分高校公共体育课教学时间为两年(大一、大二开设),在高校现有的教学条件下,主要开展的体育项目有足球、篮球、排球、健美操、乒乓球、网球等，关于休闲体育、娱乐体育的理论内容一般涉及很少，这种重技术、轻理论的高校体育教学模式仍然占有主导地位。这种教学模式很难培养学生学体育的兴趣，因此应该大胆尝试开设体育新课程，在教学形式、教学内容、教学对象等方面加以改革。

通过对部分高校的教练、教师、学生进行访谈，主要了解我国普通高校体育课的教材内容、现状和教学效果，访谈整理归结如下：在新课程设置上，我们应大胆尝试，把一些新项目和一些具有发展潜力的民族体育项目带进高校，如将融合篮球运动、手球运动的珍珠球项目在高校体育课程中开展，它具有丰富的技战术体系、对场地设施要求不高、不需要太多经费和设备等有利条件，这样的民族体育项目将会受到高校的欢迎，同时也会丰富学生的民族文化；在教学内容上，珍珠球运动可以丰富高校原有的教学内容，其相对于现代体育运动项目，具有一定的宗教信仰、风俗、民族风格和地方特色，可科学、系统、规范地进入高校体育课堂，为高校学生的身心健康服务；在教学形式上，重视民族体育科研工作，提供学习培养机会，在普通高校中多举办各种形式的民族体育活动与研讨会，广泛交流学习，为民族传统体育创造健康广阔的传播空间。

二、符合高校大学生对体育参与的需求

（一）珍珠球具有较强的竞技性

珍珠球运动虽然不是世界性的项目，但它是我国民族传统体育项目。珍珠球运动具有较强的竞技性，主要表现在以下三个方面。第一，珍珠球运动比赛的得分较高。主要是珍珠球抄网队员在得分区活动范围大、机动性强的特点给水区队员创造了更多的得分机会，而在场内的水区队员彼此攻防节奏较快且易攻难守，形成了珍珠球得分较高的特点。第二，珍珠球比赛的对抗性强。现代珍珠球运动使身体对抗性增强，由于珍珠球竞赛规则的改革，在原有场地区域（得分区、封锁区、限制区）的基础上增加了隔离区，在比赛人数上又增加了一名水区队员，这样水区空间变小，单位面积上的身体对抗和比赛争夺强度更大。第三，珍珠球运动比赛节奏快。由于珍珠球球具规格小、投篮手段多（远距离抛射可直接得分），攻防节奏较篮球运动更快，而且得分的随意性大，这使珍珠球运动比赛节奏更快。

（二）珍珠球具有一定娱乐性和观赏性

珍珠球运动具有较强的娱乐性和观赏性，主要是因为珍珠球运动与篮球、手球等运动相比，无论是在技术还是战术方面，都具有很强的相似性，篮球和手球运动的运、传、投技术同样适用于珍珠球运动，篮球和手球的进攻和防守战术在珍珠球比赛中也表现得淋漓尽致。另外，珍珠球运动还具有角色多样性的特点，场地的各个区域的划分使珍珠球运动的角色分工更加明确，各个位置队员的器具不同，其中防守区的队员手中的拍，形状如两个贝壳，而得分区队员手中的抄网像捞鱼用的网兜，能够在比赛过程中向人们展示珍珠球运动的原貌。

（三）珍珠球具有一定的普及性

珍珠球运动具有较强的普及性，主要表现在以下四个方面。第一，成为民运会的特色项目，在地方运动会上得到发展。我国民族体育运动不断发展，历届全国少数民族传统体育运动会和省民运会证明了我国对民族传统体育的重视。珍珠球是历届少数民族传统体育运动会上重要的比赛项目，它的含金量较高，且逐渐发展、完善，成为一项成熟的体育项目。第二，成为地方特色体育项目，珍珠球运动具有鲜明的民族特色文化，在我国东北部和西部少数民族地区得到了发展。第三，珍珠球在技战术、竞赛规则等方面与篮球较为相似，这一特点表明，珍珠球在竞技方面更容易被大众接受，很多人都有这方面的基础，只要对珍珠球理解就可以参与到这项活动中。第四，珍珠球运动具有浓厚的民族体育文化色彩，为其发展奠定了文化基础，对于培养人们的民族情感和爱国主义情感具有一定的积极作用。

（四）珍珠球的技战术体系可以丰富高校球类教学

珍珠球运动的技战术体系与篮球和手球有很多相似之处，现代珍珠球运动是参照篮球运动和手球运动逐渐完善的，因此珍珠球运动的技战术体系的迁移可以丰富高校球类运动的教学内容。

珍珠球运动与篮球运动具有相似性。第一，移动技术（变向跑、侧身跑、单脚跳、双脚跳、跳步急停、跨步急停、前后转身、左右侧滑步和攻击步）。珍珠球运动有水区、封锁区、得分区的移动技术，移动技术在珍珠球运动中的使用更加丰富。第二，进攻技术中的单手传接球技术、单手投篮技术（原地、行进间、跳起)、运球技术(高运球、低运球)、持球突破(顺步、交叉步)。第三,防守技术,抢、打断球技术,防守有球、无球技术。第四,进攻战术、进攻战术的基础配合(传切、突分、掩护、策应)、快攻战术。第五,防守战术、防守战术的基础配合(抢过、穿过、绕过、夹击、关门、补防)、防守快攻、半场人盯人、全场人盯人、混合防守。

  珍珠球运动与篮球运动具有相异性。第一,在技术方面。①移动技术。珍珠球运动角色具有特殊性,得分区队员的移动受固定区域和防守队员的限制,而且要与水区队员的移动相互配合才能完成得分。篮球队员的移动无论是进攻还是防守,空间都更大,而且不受篮筐的限制。②进攻技术。珍珠球运动的双手投篮技术几乎很少使用,由于珍珠球体积较小,一只手就能完成投篮,随意性和灵活性更强。其中,主要有"三步"投篮,射球技术有高抛球、中平快球、反弹球、背后传射、边线界边跳射、死角近距离抛射。另外,还有抄网队员的得分区技术。③防守技术。珍珠球技术除上面所提到的抢、打断球和防守有球及无球技术,还有封锁区队员的持拍防守技术,如挡球、夹球、挑球、传球等技术。第二,在战术方面。①进攻战术。由于珍珠球运动的攻防节奏较快,这样使珍珠球运动的战术就变得更加简单、灵活、多变性较强。②防守战术。篮球运动中的防守战术像区域联防战术,不适用于珍珠球,而像全场、半场的人盯人战术和盯住控制球队员的混合防守、持拍的双补战术,适合于珍珠球运动的防守体系。其主要是由于珍珠球的体积较小、攻防速度较快,珍珠球比赛可发球后直接射篮得分,如果采用区域联防,就会造成进攻队员直接得分,这是珍珠球运动特点所决定的,所以最好的防守就是人盯人战术,限制对方队员得分。

  珍珠球运动的技战术能够促进其丰富和发展。珍珠球运动可以提高学生身体素质,以及耐力、爆发力、身体的灵活性等,为学生学习其他项目奠定一定的身体素质和技术素质基础。

三、我国高校现有的教学条件适合珍珠球发展

(一) 高校体育场地、设施完善,有足够的空间开展珍珠球运动

  珍珠球的运动场地与篮球场地极为相似,都是长28米、宽15米,只需在篮球场地上按照珍珠球场地要求将其分为不同的区域,即得分区(为黄色)、隔离区(为红色)、封锁区(为黄色)、限制区(为红色)和水区(为海蓝色)。比

赛用球的外壳用皮革或橡胶制成，内装球胆，表面应为珍珠（白）色。球拍为蛤蚌壳形状，用具有韧性的树脂材料制成，颜色最好与蛤蚌壳相仿。抄网兜口为圆形，兜口内径25厘米。珍珠球的运动设施较为简单而且不占用空间，在高校开展珍珠球运动不用投入太大的人力、物力资源，而且本项运动还具有一定的功能和价值，因此适宜在学校开展。

（二）学生资源丰富，为珍珠球提供了广泛的参与基础

我国高校在校大学生的数量可观，而且大学生对民族体育文化有一定的学习兴趣。据调查，在众多的民族体育项目的选择上，大部分学生对珍珠球项目比较热衷，其原因如下：一方面，珍珠球运动的水区队员与篮球队员的技战术相同，而封锁区队员像足球的守门员和排球的拦网队员，学生可以在原有的三大球基础上选择珍珠球运动，因此人数会更多一些；另一方面，有一部分体育院校增设了民族体育专业，而民族体育专业为珍珠球运动在高校的开展提供了一个崭新的平台，这有利于珍珠球运动的传播与发展。

（三）高校拥有雄厚的师资力量和丰富的实践经验

在高校，有一定数量的从事珍珠球运动教学的教练和教师，他们肩负着提高学校珍珠球运动水平和把珍珠球运动推向未来的使命。目前，我国部分高校有自己的珍珠球训练队（大部分是篮球队），如广西壮族自治区、云南省、贵州省、湖北省等地的民族院校和首都体育学院、河北体育学院、哈尔滨体育学院、银川大学等13所院校共有15支训练队，发展水平都非常高，参加过全国民族传统体育运动会和地方性民族体育运动会，并为自己的学校赢得了荣誉。在我国，有一部分高校力求开展珍珠球运动，努力打造自己的人才队伍，这些高校有一定数量的篮球教练员和篮球教师，他们具有较高的技战术技巧和文化底蕴，只要通过适当的培训，就可成为合格的珍珠球运动教练员或教师。因此，珍珠球运动在高校开展有较深厚的教师基础。

四、高校推广珍珠球运动有利于全民健身观念的普及

高校开展体育运动，是为了培养学生的健康理念，教会学生如何锻炼，养成体育锻炼的习惯，更是为了培养学生终身体育锻炼的意识。而珍珠球运动进入高

校可以满足学生体育锻炼、娱乐的需求，与此同时，高校的毕业生也会将这一项运动带到工作岗位和社会中。在我国掀起全民健身运动的热潮下，把少数民族体育项目推广到全民健身运动中，这不但可以发展民族体育项目，还可以提高全民健身观念，更重要的是使人们在了解民族文化的同时，达到健身、健心、健美的目的。加强学校体育与社会体育的接轨，可以提高社会体育指导的水平，是我国全民健身运动开展的保障，也是民族体育文化传播发展的平台。

第二章
珍珠球运动与健康

科技的发展进步，使人们的生产生活方式发生了巨大的变化。肥胖等"富贵病"以及亚健康越来越成为具有广泛性的社会问题。珍珠球运动是综合的非周期性集体运动，其技术、战术系统的实践操作与实践运用过程，是通过在对抗变化的特定时间、位置、距离、场地、设施、环境条件要求下，运用跑、跳、投等手段完成的，在这一过程中，参与者的智力、生理、心理都要承受各种复杂因素的影响。因此，科学地参加珍珠球活动，对提高人体内脏器官与感受器官的功能和中枢神经系统的支配能力、增进健康、提高身体素质、促进心理修养、培养集体团队精神等都有积极的作用。同时，对于促进健康、防止亚健康和提高体适能都有很好的作用。

第一节 人体健康概述

一、健康与亚健康

（一）健康概念的演变

健康（Health）是一个发展的概念，受不同历史阶段的生产力、生产关系、思想观念和科技水平的影响。围绕着疾病这一核心，人们对健康的认识发生动态变化。随着人类社会的发展，健康的含义也在不断变化。

虽然已经进入21世纪，但大部分人还认为健康就是不生病！到底什么是健康呢？

远古时期，人们认为健康是由鬼神决定的，无力抗争，便形成了唯心的不科学的健康观。这种健康概念既忽视了人的自然性因素，又看不到其社会性因素。随着生产力的迅速提高，医药学及相关学科的不断发展，人们开始认识到健康是可以把握、不依赖于天命的，并逐渐形成了机械唯物论的健康观。这一观念认为健康就是没有疾病，疾病就是健康受损，在形式上形成了健康的循环定义，只反映了健康的负向作用，即健康的消极定义。这种定义既没有回答健康的实质，也没有阐明健康的特征，只是借助健康的对立面（疾病）来证明健康。

事实上，健康和疾病及亚健康都是人体生命过程中的不同质态。从健康到亚健康再到疾病是一个由量变到质变的过程。所以，这种建立在疾病基础上的健康概念已经不能满足人们的需求和健康的发展，对于人们正确认识健康、谋求健康和评价健康的实际意义并不大。

进入20世纪后，健康的内涵不断发展，由过去单一的生理健康（一维）发展到生理、心理健康（二维），又发展到生理、心理健康和社会适应良好（三维）。1948年，世界卫生组织（World Health Organization，WHO）在其宪章中首次明确了健康的含义："健康不仅是免于疾病和衰弱，而且是保持体格方面、精神方面和社会方面的完美状态。"这个定义将人类几千年来对疾病、自身和生存环境的认识高度概括起来，具有划时代意义，是迄今为止应用最普遍、认可度最高的健康概念。1968年，世界卫生组织进一步明确健康即"身体精神良好，具有社会幸福感"，更加强调了人的社会属性。1978年，世界卫生组织在《阿拉木图宣言》中提出"健康是基本人权，达到尽可能的健康是全世界一项重要的社会性指标"。1989年，世界卫生组织进一步定义了四维健康新概念，即"一个人在身体健康、心理健康、社会适应健康和道德健康四个方面皆健全"。世界卫生组织关于健康的最新概念把道德修养纳入健康的范畴。健康不仅涉及人的体能方面，也涉及人的精神方面。健康者不以损害他人的利益来满足自己的需要，具有辨别真与伪、善与恶、美与丑、荣与辱等是非观念，能按社会行为的规范准则来约束自己及支配自己的思想行为。善良的品格、淡薄的心境是健康的保证。善良正直、心地坦荡、公正利人、心理平衡有利于健康。

（二）亚健康

20世纪80年代中期，苏联学者布赫曼等人研究发现，除了健康状态和疾病状态，人体还存在着非健康、非疾病的中间状态，称为第三状态。处于这种状态时，人体虽然无明显疾病，但呈现"一多三减退"的表现，即处于疲劳多，活力减退、反应能力减退、适应力减退的一种生理状态，自我有种种不适的感觉，是介于健康与疾病之间的一种生理功能低下的状态，也称为"灰色状态"。

1996年，国内学者王育学在《健康报》首次提出了"亚健康"这个词汇。同年世界卫生组织提出了医学新概念——亚健康（Sub-health），指出这是"健康与疾病之间的临界状态"。

世界卫生组织的一项全球性调查表明，全世界真正处于健康状态（第一状态）的人仅占5%，患有疾病（第二状态）的人占20%，而75%的人都处于由健康向疾病过渡的状态——亚健康状态。根据中国国际亚健康学术成果研讨会统计资料，我国人口中15%属于健康，15%属于非健康，70%属于亚健康，亚健康人数超过9亿。

目前认为亚健康的发生与个人的生理状况、心理状况、职业情况、居住环境、社会环境及不良生活和工作方式等多种因素有关，机体的神经—内分泌—免疫网络系统整体协调失衡、功能紊乱。人群研究表明，不同人群亚健康的相关因素存在较大差别。例如，机关干部亚健康的相关因素主要是工作压力、吸烟、饮酒等；高校教师的亚健康与紧张的工作节奏和不良的工作、生活习惯等因素有关。

亚健康发生和发展的过程遵循由量变到质变的规律。在身体没有出现症状或体征前，体内已发生许多病理变化。亚健康是动态的、变化的，它可以向健康状态恢复或向疾病状态恶化。健康和疾病是生命过程中对立的两极，亚健康就是它们之间的过渡状态。如果我们对亚健康不给予足够的重视，及时进行调适，就可能导致各种疾病。所以，改善亚健康，改变个人不良行为，倡导健康的生活方式十分重要。其中，积极参加体育锻炼就是提高生活质量、改善亚健康状态的最有效手段之一。

（三）理想健康

人人渴望健康、追求健康已经成为时代发展的必然趋势。世界卫生组织所倡导的多元健康观已经将健康的内涵大幅扩展，突破了传统健康模式和医学范畴。健康既是人类拥有的最大权利，也是人类体现其社会价值的最重要标志。所以，学者们为了进一步强化健康的本质和彻底改变传统健康评估体系，提出了一个促进健康的终极目标——理想健康（Optimal Health）或健全健康（Robust Health）。

理想健康是指个体致力于维持健康状态，并充分发挥自己的最大潜力，以达到"身心合一"的整体完美。理想健康的提出目的就是强调人们要想获得健康的终极目标，除了要摆脱疾病的威胁，还要积极地改善自身的社会、心理、教育、运动和营养状态，使其真正获得生理、心理、社会和道德"四维"健康，并享有完美的生活。1990年，世界卫生组织提出了"健康"应具备的标准，其中包括以下10个方面。

①有足够充沛的精力，从容不迫地应付日常生活和工作压力而不感到过分紧张；
②处世乐观，态度积极，乐于承担责任，不挑剔事物的巨细；
③善于休息，睡眠良好；
④应变能力强，能适应环境的变化；
⑤能抵抗一般性感冒和传染病；
⑥体重得当，身材匀称，站立时，头、肩、臀位置协调；
⑦眼睛明亮，反应敏锐；
⑧牙齿清洁，无空洞，齿龈颜色正常，无出血现象；
⑨头发有光泽，无头屑；
⑩肌肉、皮肤富有弹性，走路轻松。

由此可见，理想健康包含了很多层面的内容，与其说它丰富了健康的本质，倒不如说它强调了获得健康的途径。

（四）影响健康的因素

个体和群体的健康是伴随生存时间的延长逐渐改变的，从出生到死亡，每一个人都会表现出起伏不定的健康曲线，而影响这一过程的主要因素是遗传、环境、行为和生活方式。

1. 遗传

遗传（Heredity）是决定或限制健康状态表现的直接因素，种族的差别、父母的健康状况和生存环境等因素都会对下一代的健康产生较大的影响。一旦遗传产生作用，常常会发生许多不可逆转的疾病。已知人类遗传疾病3000多种，据人群普查显示，各类遗传病在人群中的发病率为20%~25%，目前我国出生儿童遗传缺陷总发生率为13.7%。另外，遗传还与高血压、肥胖、糖尿病、肿瘤等疾病的发生有关。

2. 环境

环境（Environment）与健康是人类永恒的主题。环境因素可在不同程度上影响遗传所赋予健康潜力的发挥,并最终决定健康可能达到的程度。所以,应该强调人体与自然环境和社会环境的统一,强调健康、环境与人类发展的不可分割。1992年,世界卫生组织环境与健康委员会的报告中提出"维护和促进健康应该放在环境和发展的中心";1993年,世界卫生组织提出"持续发展的中心问题是人类,人类有权享有与自然和谐的健康而有生产力的生活";2007年,我国制定了《国家环境与健康行动计划(2007—2015)》以改善和促进我国环境与健康工作积极发展。环境因素包括自然环境和社会环境。

(1) 自然环境

自然环境(Natural Environment)是指人类生存和发展所依赖的各种自然条件的总和,如大气、水、植物、动物、土壤、岩石矿物、太阳辐射等,这些是人类赖以生存的物质基础。人类是自然的产物,而人类的活动又影响着自然环境。随着经济的日益发展,人与自然之不和谐亦日益加剧。人类的发展与进步主要依赖于资源,特别是不可再生资源,但发展与繁荣的背后严重地存在不顾后果的破坏性开发、抢占甚至掠夺自然资源的现象。比如,滥伐森林、草地湿地退化缩小、土地沙化、水土流失、有害物种繁殖并侵入、工业与生活污染蔓延、全球变暖等,这些都会对人类的健康造成直接或间接的伤害,呼吸道疾病的发病率和死亡率增加,癌症、畸形的发病率升高,禽流感、疯牛病的出现等都是有力的证明。

(2) 社会环境

在自然环境的基础上,人类通过长期有意识的社会劳动,加工和改造的自然物质,创造的物质生产体系,积累的物质文化等所形成的环境体系,是与自然环境相对的概念,称为文化—社会环境(Culture-social Environment)。它包括社会制度、法律法规、经济、文化、教育、民族及职业等,其中社会制度确定了与健康相关的政策和资源保障;法律法规确定了对人的健康权利的维护;经济决定与健康密切相关的衣、食、住、行;文化决定人的健康观及与健康相关的风俗、习惯;教育、民族影响人们的饮食结构和生活方式。

3. 行为和生活方式

不良的自身行为(Behavior)和生活方式(Lifestyle)可以直接或间接地影响健康。随着社会的高度发展,不良行为和生活方式成为影响健康的主要因素。许多疾病均与行为和生活方式有关,如糖尿病、痛风、高血压、肥胖、性传播疾病等。

（1）行为（Behavior）

行为是有机体在外在环境刺激下所引起的反应，包括内在的生理和心理变化。人类的行为表现错综复杂，但基本规律是一致的。它是人类为了维持自身的生存和种族的延续，在适应复杂的、不断变化的环境时所作出的反应。行为是影响健康的重要因素，几乎所有影响健康的因素都与行为有关。例如，吸烟、酗酒、吸毒、过度减肥、久坐、不良饮食、不良性行为等都会危害人体的健康。

（2）生活方式（Lifestyle）

生活方式是一种特定的行为模式。这种行为模式受到个性特征和社会关系的制约，是在一定的社会、文化、经济、民族、环境等多种因素相互作用、相互影响下形成的生活制度、生活意识的反映。建立在文化继承、社会关系、个性特征和遗传等综合因素基础上的生活方式包括饮食习惯、社会生活习惯等。受一些不良的社会和文化因素影响，许多人都有这样或那样的不良生活方式，这导致一些慢性疾病、传染性疾病发病率升高。例如，欧洲人糖尿病、高血压、痛风、肥胖的高发病率与他们爱吃奶油、海鲜等高蛋白、高热量食品及长时间保持坐姿工作不无关系。我国近年来这些疾病的发病率增加也很快，同样与生活方式的改变有密切的关系。经过几代医学专家调查和研究，世界卫生组织1991年向全世界宣布："个人的健康和寿命15%取决于遗传，10%取决于社会因素，8%取决于医疗条件，7%取决于气候的影响，而60%取决于自己。"这段话鲜明地告诉我们，制约人的健康和寿命的因素中大约有40%是我们个人无法改变的，而60%的因素却取决于个人的生活方式是否科学。现实生活中，因为个人生活方式不科学造成的疾病或悲剧俯拾皆是。无论从理论还是从实践来看，科学的生活方式对个人健康和寿命起着重要作用。因此，养成良好的生活习惯和培养健康的生活方式，是预防生活方式疾病，并降低其发病率和死亡率的关键。

二、健康体适能

（一）体适能的概念

1. 体适能概念的提出

体适能（Physical Fitness）源于美国。在第二次世界大战期间，由于战争的需要，在对200余万名21~35岁中青年进行征兵体检时，约90万人因为心脏不健康，10万人因教育程度不够未服兵役。

1954年，Kraus-Weber（克劳斯·韦伯）体能测试结果进一步显示，当时美国青少年体能状况明显低于欧洲各国，令政府和民众极为震惊。1955年，艾森豪威尔总统率先成立了"青年体适能总统委员会"（President's Council on Youth Fitness），明确对青少年体能水平下降提出严重警告。1958年，由美国健康、体育、娱乐协会（American Alliance for Health, Physical Education and Recreation, AAHPER）提出"青少年体能测试计划"（The Youth Fitness Test Project），用来评估美国青少年的身体运动能力。这个计划包括引体向上、仰卧起坐、立定跳远、折返跑、50码（约45.72米）冲刺、垒球掷远与600码（约548.64米）跑步七项，用来测验人体的上肢肌力、腹肌耐力、敏捷、速度、协调与心肺耐力等七种身体能力。后来，美国健康、体育、娱乐协会分别在1965年与1975年修正测验的项目与方法。

1980年，美国健康、体育、舞蹈协会（American Alliance for Health, Physical Education, Recreation and Dance, AAHPERD）将体能的检测项目改由心肺适能、肌肉适能、柔软度、身体组成四项构成，检测的项目分别为1英里（约1.61千米）或9分钟跑、1分钟仰卧起坐（屈膝、双手抱胸）、坐位体前屈、皮脂厚总和（肱三头肌与肩胛下方）四项。1980年以后的一些体能检测制度，皆与该内容类似。1980年，美国健康、体育、舞蹈协会出版的 *Health-related Physical Fitness Test Manual*（《健康相关体能测试手册》）将 Performance Test（性能测试）修改为 Fitness Test（体能测试）。认为 fitness 能应用在不同的目标上，如在疾病的预防，日常生活效率和能力的评估，以及评价在一定水平上（如舞蹈、运动等）保持身体活动的能力。

中国台湾、香港的运动生理学界率先将这一名词翻译为"体适能"。Fitness一词的本义是"适当""适切性"，因此有人将它理解为"健康"，即身体各方面均处于适当的状态。但在英文文献中，该词更侧重表达身体对某种事物的适应能力，如 Fitness for Competition and Win（适应竞争和胜利）、Fitness for Life Activity（适应生活活动）等。所以，将它翻译成"体适能"比较贴切。

2. 体适能的定义及内容

（1）体适能的定义

从广义上讲，体适能是指人体适应外界环境的能力，是健康概念的一种延伸。世界卫生组织对"体适能"的定义是:"身体有足够的活力和精神进行日常事务,而不会有过度疲倦,还有足够的精力享受余暇活动和应付突发的紧张事件的能力。"美国运动医学学会(American College of Sports Medicine,ACSM)认为"体适能是机体在不过度疲劳状态下,能以旺盛的精力愉快地从事日常工作和休闲活动,能从容地应对不可预测的紧急情况的能力。"

综上所述,尽管理解和文字表述不同,定义也不一致,但其核心思想大同小异,可以把它概括为身体适应生活、运动和环境等因素的一种应变能力,故体适能是身体适应能力的一种简称。西方国家多用美国运动医学学会定义,我国学者则多用世界卫生组织定义。

(2)体适能的分类

美国运动医学会认为:体适能包括"健康体适能"(Health-related Physical Fitness)和"技能体适能"(Sport-related Physical Fitness)。此外,有学者认为其中还应包括"代谢体适能"(Metabolism-related Physical Fitness)。

1)健康体适能

健康体适能就是与健康有密切关系的体适能。它是机体维护自身健康的基础,是机体愉快完成日常工作和减少慢性疾病发生的前提。一般情况下,人们所称的体适能主要指健康体适能。

2)技能体适能

技能体适能是机体运动能力的反映,包括灵敏性、平衡性、协调性、爆发力、反应时与速度等,这些要素是从事各种运动的基础。体适能中与技能相关的素质不是每个健康人都具有的,因为拥有这些素质还要有动作学习的过程,拥有它们的人很容易在体育或特技中完成高水平的技术动作,因而与技能相关的体适能的组成部分有时也被称为"竞技体适能"。

3)代谢体适能

近年来,部分学者提出新的体适能参数——代谢体适能,主要包括血糖、血脂、血胰岛素、骨密度等。代谢体适能反映的是机体内的代谢机能状态,它同许多慢性疾病的发生或发展直接相关,而且与运动锻炼的效果直接相关。通过运动锻炼可以降低血脂水平、控制血糖、提高骨密度等,同时,增强机体代谢体适能,减少各种运动不足性疾病的发生,并影响机体整体体适能水平。

体适能是三个方面参数的综合表现。一个健康的人,三个方面的参数至少达到适当水平,才能使机体拥有一定的健康、技能和代谢体适能成分。不同的体适能既相互联系，又有所区别。

健康体适能是个体适应运动需要的重要方面，主要体现在体内主要能源物质的储备方面，是构成体适能系统的物质基础，发挥最基础的作用，并影响运动体适能水平，所以塑造良好的健康体适能是体适能训练的重要内容，在进行体适能训练时应得到优先发展。例如，篮球运动员在训练开始阶段主要以增加肌肉、降低脂肪比例来进行增加体重和增强心肺功能的训练，以适应激烈比赛中的身体对抗。拥有良好的健康体适能成分者并不一定具有优秀的技能体适能，因为还涉及学习过程，但拥有优秀的技能体适能的前提是机体要有良好的健康体适能。虽然没有证据表明技能体适能与健康和疾病有直接关系，但是优秀的技能体适能可以提高运动兴趣，改善健康体适能和代谢体适能。有些人的体适能发展会表现出不平衡性，如有时力量特别大的人并非一定拥有特别优秀的心血管机能，同样协调性极佳的人可能没有特别好的柔韧度，这种现象的产生与个人的运动兴趣有关。

（二）健康体适能的组成与意义

1. 健康体适能的四个要素

健康体适能与个体从事日常生活和工作的能力有关，包括心肺适能、肌肉适能（力量与耐力）、身体柔韧性、身体成分四个要素。

（1）心肺适能（Cardio-respiratory Fitness）

心肺适能是心脏、血管与呼吸系统协同工作的能力，负责给肌肉工作输送氧和能源物质，其直接影响肌肉利用氧和能源物质工作的能力。良好的心肺适能不仅能保证身体长时间有效地工作，同时也是机体工作后疲劳快速消除和机能有效恢复的保障。心肺适能又称为有氧适能（Aerobic Fitness），是健康体适能中最重要的要素。

（2）肌肉适能（Muscular Fitness）

肌肉适能主要指肌肉力量和肌肉耐力，其中肌肉力量指肌肉抵抗外力或移动重物的能力，一定的力量可使个体胜任那些需消耗体力的工作与娱乐活动；肌肉耐力指肌肉重复工作的能力，耐力强的人可以长时间工作而不致过度疲劳。

（3）身体柔韧性（Body Flexibility）

身体柔韧性指关节活动的范围，受肌肉长度、关节结构及韧带特性的影响。

良好的柔韧性有利于劳动和运动锻炼时关节在较大范围内活动，从而减少骨骼、肌肉或关节的损伤概率。

（4）身体成分（Body Composition）

身体成分指肌肉、脂肪、骨骼及其他机体组成成分的相对百分比，其中体脂是评价身体成分的主要方面，理想的体适能应有适当的体脂百分比；身体成分百分比保持在正常范围对预防某些慢性病有重要意义，如糖尿病、高血压、动脉硬化等。

2. 健康体适能的重要性

体适能可视为身体适应生活、工作与环境（如温度、气候变化或病毒等因素）的综合能力。体适能较好的人在日常生活或工作中，从事体力性活动或运动皆有较佳的活力及适应能力，不会轻易产生疲劳或力不从心的感觉。在科技进步的文明社会，人类身体活动的机会越来越少，营养摄取越来越高，工作压力、生活压力和休闲时间相对增加，每个人都能更加感受到良好体适能和规律运动的重要性。健康体适能的重要性可归纳为以下四点。

（1）有充足的体力来适应日常工作、生活或读书

人们的工作效率、学习效率、生活质量皆与体适能有关，尤其是心肺适能。一般而言，心肺适能较好的人，脑部获取氧的能力较强，脑力性工作的持久性和注意力较强。

（2）促进健康和发育

健康体适能较好的人，健康状况较好，很少生病。

（3）有助于各方面的均衡发展

身体、心理、情绪、智力、精神、社交等状况皆相互影响。有良好的健康体适能，对其他各方面的发展皆有直接或间接的正面影响。

（4）养成良好的健康生活方式和习惯

青少年时期对于饮食、生活习惯、环境卫生和心理、生活压力等能有良好的认知、经验和态度，对于将来养成良好的生活方式有深远的影响。

第二节 珍珠球运动对人体健康的影响

影响健康的因素是多方面的，如遗传、自然环境、营养、生活习惯、药物、运动等。另外，人格特征、社会文化环境等也是影响健康状况的重要因素。谁也不会期望单靠体育活动去控制营养、生活习惯，以及遗传或自然环境等这些对人体健康状况产生重大影响的因素。因此，珍珠球运动对健康的作用只有在这些因素的密切关联中才能够充分发挥。

体育运动是提高和保持身心健康的主要途径和方法。党和国家一直高度重视人民群众的身心健康，特别是青少年的健康。我国开始进入新时代、迈向新征程，加强青少年体育运动，增强青少年体质，对于提高全民族的素质具有重大战略意义。珍珠球运动是以身体练习为基本手段，以增强青少年体质健康为目的的一项有民族特色的传统体育运动项目，它对从事该项运动的青少年身体健康的影响主要表现在以下方面。

一、珍珠球运动对身体健康的影响

经常从事珍珠球运动有益于全身各系统功能，可改善肌肉、心血管、消化、呼吸系统功能，提高神经、内分泌和免疫系统调适能力，改善亚健康状况，从而达到人体形态结构、生理机能、运动能力的完好状态。

（一）珍珠球运动对身体形态的影响

身体形态是指人的外部形状或体态，包括身高、体重、胸围、四肢围、体脂，以及四肢与躯干长的比例等。主要通过身高、体重、胸围的指标来反映身体形态的发育水平和整体指数及比例。

1. 促进身高增长

人体的身高主要与骨骼的发育水平有关，而骨骼的发育除受遗传因素影响，还受人体内分泌激素的影响。例如，生长素使骨骼软骨细胞增生繁殖，促使骨骼不断生长；甲状腺分泌能力低下，会导致身材矮小；维生素 A 缺乏，则会造成畸形生长。珍珠球运动可以提高人的兴奋性，增加内分泌激素，特别是促使垂体分泌生长素、甲状腺分泌甲状腺激素，以及增加维生素的含量。同时，珍珠球运动能加快人体新陈代谢，促使细胞分裂、繁殖，使骨骼长得更快、骨密度增加、骨骼变粗。

2. 提高身体姿态的协调

身体姿态主要通过人体脊柱弯曲的程度及坐、立、走、跑的体态来体现。长期坚持珍珠球运动，会使人体因承受运动负荷，血液循环及新陈代谢加快，附着在骨骼、脊柱上的肌肉、韧带的柔韧性加强，从而消除体内多余的脂肪，使整个人的形体和姿态显得挺拔、轻灵。

3. 增加肌肉的体积与力量

肌纤维是肌肉的基本单位，肌纤维内决定肌肉收缩能力的是肌球蛋白。在珍珠球训练中，肌肉不断收缩使肌球蛋白数量不断增加，不易疲劳。肌肉中含有丰富的毛细血管，在安静状态下，这些毛细血管仅开放其中的很少一部分；进行珍珠球运动时，肌肉内的毛细血管大量开放，其结果是使毛细血管网增加、肌肉体积增大。此外，珍珠球运动还可以使肌肉结缔组织增厚、肌纤维的数量增加和横截面增大，提高其牵张力。

4. 减少脂肪和体重

有研究表明，随着年龄的增加，人的基础代谢率下降，能量消耗减少，体重和体脂会慢慢增加。由于肌肉总量呈下降趋势，人的基础代谢率每10年下降3%。不经常运动的成年人每年约减少0.25千克的肌肉，增加0.25千克的脂肪。肌肉含量高的人基础代谢率也高。专家研究指出，增加0.5千克肌肉消耗掉的额外热量相当于1.5~2千克脂肪的热量。

通过节食和服用减肥药能迅速减轻体重，但不利于健康，且会导致皮肤变得松弛。参加珍珠球运动不仅能达到减轻体重的目的，还可以使皮肤保持弹性。有规律的锻炼和合理的饮食减肥比节食减肥更有利于健康。

(二) 珍珠球运动对身体机能的影响

身体机能是指人体各器官系统工作的能力。珍珠球运动可以提高各器官系统的机能。

1. 珍珠球运动能改善和提高中枢神经系统的工作能力

（1）使人精力充沛、思维敏捷

珍珠球运动可以改善大脑供血、供氧能力，促使大脑皮层兴奋性增加。此外，珍珠球运动以肌肉活动为核心，使人们在运动的时候，相应的肌肉都得到规律且协调的收缩，这不仅要求肌肉有一定的力度，而且对动作的幅度、速度和节奏都有要求，因此需要在神经系统的调节和控制下完成。这可以锻炼神经系统，改善兴奋和抑制、传导和反应等，提高大脑皮层兴奋性、均衡性和灵活性，缩短反应的潜伏期。大脑及神经系统的机能改善，可以使人精力充沛、动作敏捷、思维活跃、精明果断。

（2）缓解精神紧张，改善睡眠

经常参加珍珠球运动的人，脑垂体会产生一种物质，增加对疼痛的耐受性，缓解精神紧张，降低血压，使运动者产生愉快的感觉。此外，珍珠球运动可缓解人们累积的紧张情绪，使身心放松进而促进睡眠，因此经常参加运动锻炼的人比不常锻炼的人往往睡得更好、更深。

（3）提高体温调节中枢的机能

在寒冷的环境下进行珍珠球训练，能使下丘脑产热中枢兴奋，提高机体的产热过程，同时皮肤血管收缩使散热减少；在酷热的环境下进行训练，能使下丘脑散热中枢的机能加强，使机体散发更多的热量，以便维持正常的体温。一个经常进行珍珠球运动的人既不畏惧冰天雪地的严冬，也不害怕炎热的酷暑，这是因为长期锻炼使神经系统的调节能力得到改善，特别是体温调节中枢的机能得到加强。当然，这一机能的提高是长期锻炼的结果。

2. 珍珠球运动能改善心血管系统的形态结构和机能

心脏和血管构成的血液循环系统是人的生命线，而呼吸系统为循环系统提供氧气，是这个生命线不可缺少的组成部分。人类的死亡有40%~50%是因为生命线被切断所致。

（1）使心脏更强壮

心脏是一个压力泵，为血液循环提供动力。血液循环为身体的各个器官输送氧气和各种营养物质，维持它们的生命活动。

运动时，肌肉活动需要更多的氧气和能量物质，同时心脏通过加压提高血液的循环量。运动量大，心脏就需要更"努力"地工作，这对心脏是一种锻炼，因此长期大运动量锻炼的心脏更加强壮，每跳一下所泵出的血液更多，运动水平高的人平常安静时的心率较慢。

心脏有病的一个表现是泵血能力不足，甚至不能满足身体组织安静状态的供血量。经常锻炼可以使心脏有一定的储备能力，即使在有病的状态下，仍旧能维持足够的供血能力，满足日常活动的基本需要。

（2）使血管更粗、更有弹性

心脏血管和脑血管梗死是较常见的死亡原因，梗死常发生在血管已有狭窄的部位。运动时，血管因具有弹性而变粗，可以通过更多的血液，满足心脏搏动和肌肉收缩的需求。经常锻炼可以使血管的弹性更好、更粗，输送血液的能力更强。

血管狭窄会随年龄增加而加重，即使经常参加运动的人也避免不了。但是经常运动可以延缓这一狭窄过程的发展，同时可以使血管变得更粗、弹性更好，降低其发生梗死的概率。

（3）改善血脂

血脂异常是造成血管狭窄的重要原因，主要表现为血液低密度脂蛋白胆固醇含量升高、高密度脂蛋白胆固醇含量降低。运动可消耗脂肪和降低体重，改善血液低密度和高密度脂蛋白胆固醇的含量，有助于延缓血管狭窄的发展。

运动对血液中甘油三酯的水平影响较大，而血胆固醇的水平除受到运动影响，还受到遗传、体重和饮食等其他因素影响，因此对于血脂异常的人，控制饮食和体重很重要，必要时，还应配合药物治疗。

（4）降低血压

运动时，心脏跳动的速度加快，形成更高的压力，加快血液的流动，血压随之升高；同时肌肉收缩，从血管外面形成压力，也会使血压增高，所以人运动时的血压比安静时高。但是运动后，血压会很快回落到正常水平，并且可以维持几小时或更长时间。此外，血压有随着年龄增加而升高的趋势，坚持参加运动可以预防或延缓高血压的发生，也是运动有益于心血管健康的一个重要原因。

（5）提高循环呼吸功能

心脏和血管的运动形成血液循环，为身体各部分组织输送氧气，运回二氧化碳,同时通过肺脏的呼吸,形成身体内外气体的吐故纳新。

循环呼吸功能,决定着身体输送氧气的能力,由于运动时需要消耗大量氧气,因此也决定着一个人的体力活动能力。经常参加运动者,体力好,循环呼吸功能也好。

运动时,心跳和呼吸加快,心脏输血量增加,肺脏呼吸的气体量也大幅增加,在满足运动时耗氧量增加需求的同时,也锻炼了心肺功能。机体对于运动引起的循环呼吸活动刺激的适应,说明心肺功能达到了一个更高的水平。

机体对运动的这种适应提高了循环呼吸系统的健康水平,这意味着在机体的衰老过程中,心肺功能的退行性变化更加缓慢,与同龄人比较,可以维持更高的体力活动能力;也意味着拥有更多的功能储备,有助于抵御循环呼吸系统疾病的损耗。

3. 珍珠球运动可以提高免疫功能

人体的免疫系统是一个分布于全身的网络,对外界的生物学和物理化学物质起到防卫作用,对体内的环境变化起到监视维稳作用。免疫系统由免疫器官、免疫细胞和免疫因子组成。

人体的免疫系统随各种刺激发生变化,针对外界微生物的入侵,调动各种免疫细胞和因子加以防卫。体内环境发生的异常情况对免疫系统也是一种刺激,如发生癌变的细胞刺激和激活免疫系统,随后被控制和杀灭。

珍珠球运动是对机体的一种刺激形式,因此可以调节机体的免疫功能。科学的珍珠球训练及比赛可以对免疫系统产生良好影响,表现为增加自然杀伤细胞数量,提高机体的抗感染能力和对某些细菌的特殊抵抗作用,增强身体的抗病能力。

(三) 珍珠球运动对骨骼、关节和肌肉健康的影响

一方面,骨骼、关节和肌肉是身体运动的必要组成部件,没有它们,身体的运动就无从谈起;另一方面,它们的健康也有赖于身体的运动。

1. 珍珠球运动促进骨骼健康

骨骼是我们身体的支撑框架,身体不动时,骨骼要承受地球引力的作用;运动时,还要承受肌肉收缩产生的拉力。身体的骨骼必须有能力承受无论是重力、拉力,还是其他受力的综合作用,才不会发生折损。

作用于骨骼的各种力量越大，要求骨骼的强度越大，这些力量对骨骼是一种信号。力量大、信号强告诉身体，必须保持或增加骨骼的强壮程度；力量小、信号弱告诉身体，骨骼不必太强壮也足以担当。

比一比两臂，经常用力的右臂肌肉更壮、骨骼更粗。由于运动太少，长期卧床的病人骨密度降低；而经常进行运动锻炼的人骨密度会增加。

2. 珍珠球运动促进关节健康

关节是一个复杂的机械系统，各种骨骼、肌肉、韧带和关节软骨是构成关节的基本部件，还有润滑液和血液循环的保障作用。这样复杂的系统存在的唯一目的就是运动，不同关节的活动方向和范围不同，全身大小各种关节的组合为我们身体的运动提供了近乎无限的可能。

关节软骨内没有血管，营养供给和代谢产物的清除完全靠运动中关节腔内的压力变化。压力增加，关节液进入关节软骨；压力降低，软骨内的液体流出，这种关节液的进出维持软骨的新陈代谢。用进废退，关节的功能只能在运动中保持，不动的关节会变得僵硬，长期不动甚至难以恢复。

3. 珍珠球运动能够增强肌肉的代谢调节功能

肌肉是人体运动的动力源，人体的各组织协调收缩放松，可以完成各种从简单到复杂的运动。运动可以使肌肉强壮，长期不运动的肌肉就会萎缩。

肌肉运动需要的能量主要来自脂肪酸和葡萄糖。其中，部分脂肪来自肌肉自己的储备，多数来自脂肪组织；糖主要为肌肉储备的葡萄糖。

肌肉是体内最大的葡萄糖储存库，对血糖的调节具有重要意义。肌肉体积萎缩、功能减弱，会影响血糖的调节能力。因此，运动可强壮肌肉，有助于改善血糖的调节能力。

4. 珍珠球运动能够减少骨骼肌肉关节的意外伤害

运动有益于骨骼、关节和肌肉的健康，也有可能引起它们的损伤。适度、合理的运动，发生运动损伤的可能性很小，利大于弊；过度、不合理的运动更容易发生运动损伤，这时弊可能大于利。

运动损伤不仅发生于运动锻炼的时候，日常生活中也会发生，并且多数人的损伤是在日常生活中发生的。经常参加运动锻炼的人的损伤发生率较低，他们锻炼得腿脚更灵活、反应更快，遇到磕磕绊绊，相对更不容易受伤。

(四) 珍珠球运动可以改变体型、体重和身体成分

身体的外在美和内在健康都可以体现在体型上，这离不开合理的体重和身体成分组成，并且都与日常运动的多少密切相关。

1. 珍珠球运动可以塑造健美的体型

健美的体型一定要通过漂亮的曲线展示，男女都一样，只不过审美的标准有所差别，如男性更强调健壮，女性更强调柔美。人是有生命的活动体，无论健壮还是柔美，运动都是其存在的基础，静态的造型不过是运动过程中一个凝固的瞬间。

男性美与女性美的不同，源于其不同生命活动的需要。女性体内的脂肪更多，因为她们要为孕育新生命储存更多的能量。男性体内肌肉更多，因为重体力劳动的任务主要由他们完成。

人体的构造本来就是为了运动而设计的，四肢、手脚、脖颈、腰腹等身体的每一部分骨骼、关节、韧带和肌肉的组合都是一种结构和功能的最佳体现。只有通过身体各部位的运动锻炼，才能使其展示出灵活和力量的魅力，达到最佳的外在面貌和内在功能状态，实现内在健康与外在优美的和谐统一。

2. 珍珠球运动有助于保持体重

体重是判断健康的重要标志。胖人的血压、血脂和血糖更高，更容易患糖尿病、心血管病和肿瘤。世界卫生组织把肥胖定义为一种疾病，即肥胖症。肥胖症的根本原因是吃得多、运动得少，反映了能量摄入与消耗的不平衡。摄入的能量大于消耗，多余出来的能量就会变成脂肪储存起来，久而久之，人就会变得越来越胖。

控制和保持体重，一方面应避免过量饮食；另一方面应多运动，保持能量摄入与消耗的平衡，不要让能量剩余，形成"赘肉"，既不好看，也不利于健康。同时，在自己体质和体力允许的情况下，进行长时间、费力的运动，会消耗更多的能量，对保持体重更有利。

3. 珍珠球运动影响身体内的脂肪比例和分布

脂肪是动物体内最大的能力储备库。例如，熊在几个月冬眠中、鲸鱼在半年多迁徙中不进食，完全靠体内脂肪的储备维持生命活动。在农业文明以前，人类

也是靠体内的脂肪应对不时发生的食物短缺。

体内的脂肪分布反映了生命活动的需要,其中皮下脂肪有助于保温,也便于肌肉活动时能够动用;臀部的脂肪多,是身体的长期能量储备,且不妨碍身体运动;腹部不应有太多的脂肪,否则不利于躯体活动。

如今的生活方式,食物丰富、运动少,脂肪维持人类生命活动的能量储备功能大幅削弱,但却在体内积累得越来越多,同时其分布发生了变化,带来了许多健康问题。

4. 珍珠球运动是减肥最积极有效的手段

减肥是要减少体内的脂肪,而不是减少肌肉、骨骼等这些瘦体重成分。单纯靠节食、服用节食减肥药和缩胃手术等不当方式减肥,减少的体重有身体内的脂肪,但瘦体重成分所占比例相对更大。

运动在减肥中的作用有两个:一是通过各种运动增加能量消耗,使身体的能量平衡向负的方向倾斜;二是通过肌肉力量训练,保持肌肉和骨骼这些重要的瘦体重成分。

二、珍珠球运动对体适能的影响

(一)珍珠球运动对健康体适能的影响

人体的各种生理功能都处于一定的变化范围内,并不是固定于某一状态。而且生理功能所处的状态受生活环境、生活方式、营养、体育锻炼等因素影响。健康体适能本身是多种生理功能状态的体现,同样受到这些因素的影响,处于一定的变化区间。健康体适能具有一定的可塑性,它是由机体对内外环境变化产生适应性变化的结果。

人体之所以能够通过运动训练改善体适能,是因为人体具有很强的适应外界环境的能力。人体各器官、系统的功能在一定的区间内处于动态变化状态,在环境条件改变的情况下,人体能够很快地产生应激反应。多次相同的应激刺激,会使机体功能状态得到提高。人体的这种特性被称为可训练性(Trainability)。另外,人体对外界环境的改变还具有恒常性的反应特点,即在环境变化的情况下能够保持机体功能状态相对稳定,而不至于由于功能状态的巨变引起身体的不适反应,甚至产生伤害或疾病。在一定程度上,人体的可训练性与恒常性是一种矛盾。科学的运动锻炼就是利用合理设计的运动刺激,突破身体维持恒常性的机制,诱使身体产生抵抗力以对抗和适应身心受到的强烈的运动刺激。此种情况一再反复就会使身体产生较强的对抗运动刺激的适应能力,即体适能的提高。同时,科学设计合理的运动刺激本身要求对运动主体的体适能水平进行估计和测量。可见,体育锻炼是促进健康体适能的主要的、科学的方法。

能够对人的身体适应力产生影响的后天因素包括自然环境、社会环境、生活方式(包括营养、嗜好、作息、卫生和运动等),其中最为积极的因素是经常性的身体运动。珍珠球运动适合成为一种经常性运动,其有助于形成健康的生活方式,对于获得良好的健康体适能、形成和保持最佳健康状态,以及提高生活质量都会起到重要作用。具备良好的健康体适能,就能有效地减少患运动缺乏性疾病的危险,改善生活质量。

(二)珍珠球运动对竞技体适能的影响

体适能的最高层次是机体对竞技运动的适应。珍珠球运动的竞技性对于参赛者的竞技体适能提出了很高要求。珍珠球队员的竞技训练是对人体运动能力的不断开发,运动者要想发挥出最好成绩,就必须将自身诸方面的适应能力调整到最佳状态。心、体、技是创造良好运动成绩的三个不可偏废的要素。在身体方面,体适能被分为速度、力量、耐力、柔韧、灵敏、协调等方面。珍珠球运动员的一切超负荷训练和模拟训练都是为机体营造一种近似比赛环境的条件,使机体的机能逐渐适应这种环境,从而提高专项竞技体适能。

在珍珠球运动的训练中,超负荷、高强度是提高运动成绩的两大法宝,同时也是运动伤害的主要诱因。因此,科学安排运动训练的负荷是提高运动成绩的关键所在。"体适能"概念在运动训练领域的应用代表了运动训练的生物学观点,即机体在运动刺激下发生的适应性变化是获得训练效果的根本原因。在这种观点下,珍珠球运动的训练是对人体适应能力的开发,包括形态、机能适应性变化。比如,力量训练可以提高肌肉的力量水平,其原因在于训练可使肌纤维增粗,肌细胞数量增多,从而使肌肉变得肥大;可以改善神经-肌肉耦联的功能,从而使参加工作的肌纤维比例增大;同时,可以改善肌肉间的协调性。这其中的每一项改变并不是分别由专门设计的训练引起的,而是人体在力量训练的过程中自然表现出的适应性改变。从这个角度来讲,竞技体适能科学地描述了珍珠球运动训练效应的获得机理,使教练员和科研人员能够更多地考虑运动员机体的现实情况,充分地利用生理学和生物化学知识，依照人体技能适应性改变的客观规律科学地安排训练。

第三节　珍珠球运动对心理健康的影响

一、心理健康概述

随着现代社会的发展，生活节奏加快，竞争日趋激烈，个体的情绪处于较为紧张的状态。因此，心理健康问题日益成为现代人关注的重要内容之一。在传统社会中，人们认为健康主要指身体的健康、生理的健康，因而采取各种措施，提高生理机能水平，增强适应自然、抵御疾病的能力。随着生产、生活方式的改变，人们越来越意识到精神世界的冲突和纷争，那种"无病即健康"的生物学健康观已经过时，逐渐发展为生物、心理和社会三维健康观。世界卫生组织认为，健康是指在精神、身体和社会上保持健全的状态。精神健康是指具备自我控制能力，能正确对待外界影响，内心世界处于相对平衡状态。世界卫生组织还指出，健康应包括躯体健康、心理健康、良好的社会适应性和道德健康。

（一）心理健康的定义

许多学者对于心理健康的认识有不同的观点，如《不列颠简明百科全书》将心理健康定义为：心理健康是指个体心理在本身及环境条件许可的范围内所能达到的最佳功能状态，而不是指绝对的十全十美状态；日本的松田岩男指出，心理健康是指人对内部环境具有安全感，对外部环境能以社会上认可的形式来适应，即个体遇到任何障碍和困难，心理都不会失调等；第3届国际心理卫生大会认为，心理健康是指在躯体上、智能上、情感上与他人的心理健康不相矛盾的范围内，将个人心境发展成最佳状态。

综合各种认识，心理健康是个体的一种持续的、积极的内部状态，个体表现出良好的社会适应性，并充分发挥其身心的各种潜能，在应付各种问题和环境时更多表现出积极的倾向。

（二）心理健康的标准

心理健康的标准至今说法不一，综合国内外各种观点，心理健康应符合以下条件。

1. 智力正常

观察力、记忆力、想象力、思考问题和行为能力处于正常水平，这是正常生活最基本的心理条件，是心理健康的重要指标。

2. 情绪良好

尽管有消极、不良的情绪，但是乐观、开朗、愉快和满意的积极情绪状态总是占据优势。悲、忧、愁、怒等消极心理体验持续时间不长，同时能适度地表达和控制自己的情绪，无论遇到什么事，既不会得意忘形，也不会悲极轻生，情绪稳定，乐观进取。

3. 意志坚韧

能够自觉地确定行为目的，坚韧果断又灵活机动，能控制感情冲动，有自制力，能约束自己的言行。

4. 心理特点与年龄符合

认识、情感、言行举止基本符合自己的年龄特征，如 20 岁左右的年轻人，既不过于老气横秋，也不乳气十足，不依赖别人，也不耍小孩脾气。

5. 人际关系和谐

乐于交往，态度积极，待人接物自然和谐，能够同他人正常交往，交流思想与情感，处理好各种关系。

6. 适应社会生活

能够与社会保持良好的接触，处理好个人与周边环境的关系，遵守社会的行为规范。同时，能够理性、积极地解决家庭、学校、社会变化带来的各种问题，保持与社会的协调一致。

7. 乐于学习工作

珍惜生命，热爱生活，努力学习，融入集体。对未来充满信心，敢于接受新鲜事物，对学习生活有兴趣，不抱怨、郁闷压抑和悲观失望。

8. 人格健全

个性良好、稳定，个性中没有明显的缺陷与偏差；积极向上，严以律己、宽以待人，知己知彼，不骄不躁，诚信豁达，乐于助人。

二、珍珠球运动对心理健康的影响

众所周知，运动对身体健康有良好的影响。然而，对运动锻炼对心理活动及心理健康的良好功效真正了解的人可能并不多。20世纪80年代后期以来，国内外日益增多的事实显示，运动对人的心理健康具有明显的积极影响，且可提高生活满意度和生活质量。

关于运动的心理健康功效，国内外学者有均所研究，但研究结论和观点各不相同。国内学者调查研究发现，运动有三个方面的心理意义：①优化心理，发展培养良好个性；②提高青少年素养；③养成良好的生活习惯。

还有学者研究得出，运动对学生的六个方面发生良好的影响：①面对现实，勇于克服困难，有自控力；②增强社会适应能力；③产生精神振奋、自信、积极的情绪体验；④互相帮助，善于与人相处、与伙伴合作；⑤有益于身心调节；⑥能了解自己和进行自我评价。

国外学者（Scott，1986）将运动锻炼的心理功效归纳为七个方面：①改变态度；②提高社会交往能力；③提高知觉和反应的敏捷性；④促进良好的心理状态；⑤促进身心放松；⑥增加身心解脱方式；⑦获得运动操作技能。在美国运动协会提出的六条中小学运动教学目的中，有四条涉及心理方面的内容。我国教育部印发的《全国普通高等学校体育课程指导纲要》中的五大新目标，也包含心理健康目标。可见，人类社会已认识到且非常重视运动锻炼对心理的良好效能。

珍珠球运动对心理健康的积极影响主要表现在以下几个方面。

（一）珍珠球运动有助于获得良好的情绪体验

情绪是人对客观事物是否符合自己的需要而产生的体验。如果人的需求得到了满足，就会产生愉快的情绪体验；反之，则会产生不愉快的情绪体验。珍珠球运动蕴含竞争、冒险、成功、挫折、克服困难、把握机会、追求目标、结果不确定性等特点，这些特点会使人们产生各种情绪体验。国外研究和临床证明，经常参加有氧运动（如跑步、游泳、骑自行车等）对人的情绪有八个方面的良好作用：①提神；②放松精神，减轻焦虑；③强化身体应付压力；④淡化敌意及A型行为；⑤神清气爽，强化集中注意力和记忆力；⑥鼓舞正面自我形象，增加自信；⑦感到愉快、舒服、好睡；⑧缓和沮丧情绪。

珍珠球运动有助于化解负面情绪，心情不好的时候来一场珍珠球比赛，身心都能感到舒缓。大脑掌管人类情绪、认知和运动等功能的区域不同，一个区域兴奋时，其他区域相对抑制。珍珠球运动可以使大脑中情绪过度兴奋的区域安静下来，不快的负面情绪也会逐渐缓解。

(二) 珍珠球运动能增强自信心

珍珠球运动总是伴随着输赢，成功或失败的刺激对体育活动的参与者来说是相当强烈的，赢得比赛战胜竞争对手，无疑会增加一个人对自己运动能力的肯定。坚持长期的珍珠球训练，能够肯定参与者的运动能力，使其在面对其他挑战时，具有更强的自信心。

(三) 珍珠球运动有助于形成良好的自我概念

自我概念是个体主观上关于自己的看法和感觉的总和。自我概念的形成或改变依赖于自我评价，而自我评价则依据自我知觉。积极的自我概念在一定程度上依赖于积极的自我评价，也依赖于愉快和自主支配的各种活动。当个体的自我概念和自我支配作为个体思维结果、印象和经历积累，导致自己对未来活动产生期望时，就会产生自尊。自尊代表人们的需要和自我概念的积极程度。有研究证明，参加珍珠球运动的队员比不参加者有更高的自尊，而体质良好者有更积极的自我概念。因此，高自尊和积极的自我概念与运动的参与状况有关。运动鼓励人们去检验自己面对新的挑战和完成新的任务的能力，使人们在运动中可以一次次地证明自己的能力，也可使人们体格强健、精力充沛，所以，运动能改善人的身体表象和身体自尊，有助于形成与提高自我概念。

(四) 珍珠球运动有助于构建和谐的人际关系

运动能使人与人之间产生亲近感，特别是在竞争活动中，个人之间、集体之间的相互交流和协调更加频繁，是对个人心理品质更为严峻的考验。例如，长跑到了"极点"时，是坚持下去还是半途而废；对方犯规时，是"以牙还牙"还是予以谅解；裁判误判时，是大度宽容还是斤斤计较；集体配合不佳致使比赛失利时，是互相鼓励还是互相抱怨。这些都是对个人心理品质的考验，也是对个人心理品质的磨炼。因此，经常参加珍珠球运动能增加互动的机会，使平等、友好、和谐的交往成为可能，也使人们相互产生信任感，有效地进行情感和信息交流，从而产生默契和交融。

（五）珍珠球运动能使人更加快乐

体育锻炼不是劳作，而是快乐的追求。珍珠球运动的对抗性会刺激大脑内分泌物质，让人们在运动中体验到一种享受的感觉，这是人们参与体育锻炼的内在推动力。不喜欢运动的人会觉得运动是个负担，那是因为他们没有通过坚持体育锻炼调动起这种体验。

（六）珍珠球运动能激发进取精神

运动的结果和成绩具有即时反馈性。珍珠球运动参与者在运动中获得即时的反馈信息，有利于激发运动动机，激发进取精神。珍珠球运动伴随着成功和失败，离不开竞争和拼搏，能够磨炼人的意志，激发人的斗志。运动鼓励人渴望和追求成功，也培养人不怕失败和接受失败的品质。

在珍珠球比赛中，看到自己的不足，会激发迎头赶上的勇气。在胜利和成功时，保持进取精神并不难做到，但在失败面前也要保持进取精神就很困难。没有哪种活动像运动这样让人频繁地品尝失败，也没有哪种活动使失败成为如此正常和自然的结果。承受运动比赛失败结果的人，都会想到下一次会再努力提高。调查表明，几乎所有的运动员都相信，在体育运动中，主要是通过个人的努力才能达到目标，进取精神就是在这一信念中培养和发展起来的。

（七）珍珠球运动可以消除心理疾患

社会竞争的日益激烈和生活压力的加大可能会使许多人产生悲观、失望的情绪，进而导致忧郁、孤独、焦虑等各种心理障碍的产生。人们参加某个项目的运动并坚持锻炼，生理机能、身体素质将会得到改善，也会相应掌握并发展一些运动的技能和技巧。由此，个体会以自我反馈的方式传递其成就信息给大脑，从而获得自我成就的认知和情感体验，产生愉快、振奋和幸福感。因此，适宜的体育锻炼能使有心理障碍的个体获得心理满足，产生积极的成就感，从而增强自信心，摆脱压抑、悲观等消极情绪，并消除心理障碍。就目前而言，心理疾病的病因与运动锻炼有助于治疗心理疾病的基本机制尚未完全清楚，但运动作为一种心理治疗手段在国外早已开始流行。对人们来说，运动可以减缓或消除学习、工作和其他方面的挫折引起的焦虑和抑郁等症状，为不良情绪的宣泄提供一种合理有效的手段，从而防止心理障碍或疾病的发生。临床研究表明，参加珍珠球训练及比赛，能有效地减轻焦虑和抑郁症状，增强自信。

第四节　珍珠球运动对社会适应能力的影响

一、社会适应的定义与标准

适应本指植物与动物对外界环境的适应并生存下来的过程。人是社会的人，具有社会性。因此，人不仅要适应周边的自然环境，如气温、湿度、气压、食物、空气质量等，还要适应社会环境，如家庭、机体、社区、政治、经济、文化等。

社会适应是指人在一生中对不断变化的外界社会环境，特别是某种社会困境所采取的态度和行为。人对社会环境的适应有接受、忍耐、顺应、支配、保守、反抗、逃避等形式。

由于社会的不断变革和人的经常流动，社会适应成为人与社会之间经常出现的问题。比如，当前我国处在社会转型时期，很多新的观念、事物不断涌现，人们必须适应这些社会变化。当人们很快适应社会的时候就能融入社会，与社会成员心情舒畅地共同学习、生活和工作；当人对社会不适应的时候则可能产生反感、抵触、焦虑、压力、紧张等不良反应，并由此产生各种健康问题。因此，培养大学生良好的社会适应能力势在必行。

社会适应能力有主观的评价方法，综合国内外的研究成果，可以从以下八个主要方面对个人的社会适应能力做出评价：①接受与他人的差异；②能与同性或异性交朋友；③主动与人交往，有稳定而广泛的人际关系；④与家庭成员和睦相处；⑤当自己的意见与多人意见不同时能保留意见，继续工作；⑥有1~2个亲密朋友；⑦共同工作时，能容纳他人，能接受他人的思想和建议；⑧交往中客观评价他人，能自我批评，取人之长，补己之短。

社会适应能力低的人与别人交往时，总是牢骚满腹，没有耐心听取他人劝告或建议，拒绝从他人立场考虑问题。此外，也有些人对人际关系表现出恐惧，害怕与他人接触，使自己形成孤僻的性格，不被社会接受。

二、良好社会适应能力的具体表现

(一) 具有良好和谐的社会关系

社会关系是指人们在共同的社会活动过程中,所形成的以生产关系为基础的一切相互关系的总称。人类生活是一种群体性的共同生活,从一开始就相互联系,结成一定的社会关系。在生产劳动中结成生产关系,又在其他的各种社会活动中结成各种社会关系,这些社会关系及人们的共同行为构成人类社会。

社会关系是人类社会存在的根本条件之一,没有人与人之间的相互关系,就不存在人们的社会生活,也就没有社会。社会关系与人类最初的劳动行为一同产生,它是人类与动物的根本区别之一,也是人的具体体现。人的本质、人的活动、人的一切规定性都体现在社会关系之中,离开社会关系,人与人的本质、特性就无从谈起。

社会关系具有不同的层次、结构、类型。德国学者冯·维塞认为一切社会关系都分为结合关系(接近、适应、同化、合一)、分离关系(竞争、对立、斗争)和混合关系。日本学者横山宁夫在这个基础上把社会关系分为结合关系(和睦、协作、共同、强制)、对立关系(反感、竞争、斗争、敌对)和统治关系(忠诚、依法、序列、隶属)。马克思主义认为社会关系分为物质关系和思想关系。物质关系中最基本的是生产关系(生产、分配、交换、消费关系),生产关系是决定其他社会关系的最简单和最原始的关系。思想关系包括政治关系、法律关系、道德关系、宗教关系等。物质关系和思想关系通常是彼此交融在一起的,如在家庭关系、邻里关系、民族关系、干群关系、上下级关系、军民关系等关系中,既包括物质关系,又包括思想关系。

社会关系是一个外延非常广阔的概念,它是人们在共同的社会实践中结成的一切相互关系的总和,其中,政治关系、阶级关系是最高层次的关系。最高层次的社会关系在现实生活中的直接表现,就是低层次的社会关系。低层次的社会关系即人际关系,这些人际关系往往会直接影响我们的身心健康。为了保持身心健康,人们既需要营养、运动锻炼、休息和其他生理方面的满足,也需要安全、友谊、爱情、亲情、支持、理解、归属和尊重等通过人际关系所获得的心理方面的满足。良好的人际关系是人的生命所需的非常宝贵的滋补剂,同时善于与人相处是一个人诸多能力中重要的、不可缺少的能力之一。因此,为了学习进步、家庭幸福、事业成功、健康长寿,提高生活质量,都应该努力培养和提高与人相处的能力。

(二)具有积极、健康的社会行为

社会行为是指由社会刺激引起的人的行为。社会中普遍存在人与人的相互影响,这种相互影响以社会刺激作为媒介。现存的社会刺激是多种多样的,广泛存在于社会的各个方面,其中,较为重要的社会刺激方式包括言语、面部表情、手势动作、文字符号等,而人类的一切行为都是对刺激的反应。个人如果(直接或间接)和另一个人发生关系,便具有社会性,行为就是社会行为。社会行为体现在社会控制、社会问题、社会变迁等各个方面。

人的行为可以形成习惯,习惯对健康的影响是十分明显的。良好的行为习惯促进身体健康,不良的行为习惯降低健康水平。身体是知识的载体,也是事业的本钱。人们的运动兴趣、爱好、锻炼习惯和运动行为是生活方式的重要构成因素。运动锻炼习惯应形成于在校学习阶段,但目前我国运动教育和终身运动衔接不够合理,有相当多的人在离开学校后就放弃了运动。

(三)具有较高的社会参与意识

社会参与是指人们对各种社会活动、社会团体的介入程度。当人们结成社会关系,其行为往往不再是个体的,而会带有强烈的社会性质。社会越发达,人们的社会参与程度越高。在现代社会,各种社会团体和群众组织十分活跃,人们参与社会活动的积极性随之提高。从人们的社会参与程度可以看出社会的文明程度和社会成员的觉悟程度。

在现代社会生活中,人不仅需要独处的空间,更需要积极地参与社会活动。人们通过彼此间的交往,增进情感交流,从而产生亲密感,消除误会和隔阂,促使心情愉快,同时也促进信息的交流。一天当中,人们除了8小时的睡眠时间,剩余16小时中,约有70%的时间都在进行信息交流。古往今来,人们为了生存、发展,十分重视相互间的信息交流。随着电信业的发达与互联网的普及,人类社会进入信息时代。一方面,信息交流发展了人际关系,扩大了社会参与;另一方面,和谐的人际关系保证了信息交流的畅通。

人们的社会参与和自身的健康水平关系十分密切。社会参与既是一种对他人关心的过程,也是一种得到他人关心的过程。一个身心健康的人往往对社会参与十分热心,可以从中得到许多人生的乐趣;一个身心健康状况欠佳的人往往拒绝社会参与，从而使自己更加封闭，更加远离社会。

三、珍珠球运动与社会适应能力的提高

珍珠球运动对提高人的社会适应能力具有重要的促进作用，这是由运动的社会特性所决定的。人们在参与珍珠球运动训练及比赛时，既需要交往与合作，又存在相互竞争。这种在运动过程中形成的交往、合作、竞争的意识和行为会迁移到日常的生活、学习和工作中。

（一）珍珠球运动有助于形成竞争意识

竞争是体育运动的主要特征之一。在珍珠球运动中，时时处处都存在着竞争，既有对自己运动能力的挑战，也有与他人的争胜；既有人与人的竞争，也有团体与团体的竞争。良好的竞争意识可以促使个人积极进取，也可以推动团体为集体荣誉而努力奋斗。

（二）珍珠球运动有助于培养合作精神

现代社会需要合作精神，一个人的力量微不足道，要想在社会中取得成功，就需要与他人合作，也需要得到他人的帮助。世界的发展要靠人类的合作，一架波音客机需要几十个国家的工人才能完成其所需的零部件，"阿波罗"登月计划则靠的是几个国家的几十万名科技工作者才完成，这都是合作带来的神奇效果。

合作能力既是运动活动者的必备素质，也是通过运动活动发展的一种能力。在珍珠球运动训练及比赛中，队员间需要通力合作，这不但能使集体的目标得以实现，而且也使个人的作用得以充分发挥。合作是建立在团体成员对团体目标的认识相同的基础上的。在合作的社会情境中，个人所得有助于团体所得。合作的优越性体现在个人与他人一起工作时所获得的社会效益，如增加交流、相互信任等。在珍珠球运动中，合作会使运动变得更有效、更精彩，因为团体要获得成功，团体成员就必须相互协作、共同努力。

（三）珍珠球运动有助于建立和维护人际关系

1. 人际关系概述

人们在日常生活中组成各种关系，相互接触、联系、影响和作用。事实上，

在社会生活实践中,个体会形成对其他个体的一种心理倾向及相应的行为,这就是人际关系。人际关系的好坏反映了人们在相互交往中的物质和精神需要能否得到满足的心理状态。如果得到一定的满足,就喜欢和亲近,反之就延误和疏远。人际关系反映着人们之间的心理距离。人际关系的好坏会影响人们的健康。良好的人际关系和氛围,有利于人们的身心健康;不良的人际关系会形成社会压力,摧残人的健康,许多疾病往往就来自不良的人际关系。在处理人际关系时,不良的心态是心理不健康的表现,如猜疑、嫉妒、憎恨、报复等。

处理好人际关系首先需要人际沟通。人际沟通是人们交往的一种重要形式,同时也是人际交往的前提条件。人际沟通不仅可以传递信息,而且具有个人心理需要的功能,如情感沟通等。

2. 珍珠球运动是促进人际关系的一座桥梁

珍珠球运动能增加人与人接触和交往的机会。通过参与珍珠球训练或比赛等活动,队员们可以忘却烦恼和痛苦,消除孤独,并逐渐形成与人交往的意识和习惯。有研究表明,外向性格者比内向性格者的社会交往需要更强烈,这种社交需要大多通过集体性的运动活动得到满足。因此,性格内向者更应该参与集体活动,使个性逐步得到改变。研究表明,个体参与群体活动可增加群体认同感、社会化强度、刺激性及参与活动的机会。同时,个体坚持运动的一个重要原因是与他人交往或参与群体活动,特别是女性坚持运动锻炼似乎更与运动活动的社会特性有关。研究显示,62%的女性喜欢与朋友一起进行锻炼,而男性只有26%。25%的女性与18%的男性认为,与同伴一起练习是自己坚持运动锻炼的重要原因之一。另外,研究还认为,青少年参与运动的程度与家庭成员、好朋友的参与运动程度紧密相关。其中,好朋友比家庭成员更能影响青少年参与运动的程度;同性别家庭成员要比异性成员更能影响青少年的运动参与程度;家庭、好朋友喜欢运动锻炼的青少年更易形成朋友支持网络,并形成良好的人际关系。

第五节 珍珠球运动有助于预防、辅助治疗多种疾病

运动有益健康,使人少患病、晚患病。经常参加运动的人患糖尿病、心血管病和恶性肿瘤的概率会减少20%~30%,不爱运动的人比经常运动的人的寿命大约减少3年。珍珠球运动对于预防、辅助治疗多种疾病具有重要作用,主要体现

在以下方面。

一、珍珠球运动有助于预防运动系统疾病

人体的运动系统由骨骼、关节、肌肉和韧带等组成。随着年龄的增长，运动系统发生的常见病是骨质疏松症、骨关节退行性病变及肌肉组织的萎缩。这些变化使人体运动功能降低，轻则影响生活自理能力，重则导致身体活动障碍等。

骨质疏松症是一种隐匿的疾病，只有在发生骨折时才显现其严重的危害。骨量丢失是人在衰老过程中必然发生的现象，不可逆转，但是可以通过运动等措施延缓其发展，预防骨质疏松症发生。运动刺激骨骼生长得更加强壮，是预防骨质疏松症的重要措施。经常运动者骨密度更高，在年轻时储备更高的骨量，可以有更强的耐受力，应对增龄性的骨量丢失。

骨关节退行性病变在人群中的发生率非常高，与关节的损伤有关，也与运动过度有关，但这不意味着不运动就可以预防骨关节退行性病变。一方面，多数关节损伤发生在日常生活中，经常运动的人在日常活动中关节损伤的发生率更低、损伤程度较轻，同时选择适宜的运动形式、强度和时间，注意有关的安全保护措施，可以有效地预防运动损伤的发生，促进骨关节健康，保持关节的功能；另一方面，要把握体育活动的度，避免过度磨损关节。

二、珍珠球运动有助于预防和辅助治疗代谢系统疾病

最常见的代谢系统疾病是糖尿病。人们从食物中摄入淀粉和糖类物质以后，身体将其消化吸收、分解利用或储存起来的过程就是糖代谢。如果这一过程出现了异常，并且达到一定的严重程度，人就会患有糖尿病。

珍珠球训练及比赛时，身体的四肢和躯干的大肌肉群产生收缩活动，其动力主要来自糖和脂肪。根据糖尿病相关研究，过量摄入淀粉和糖是诱发糖尿病的重要原因，过量摄入脂肪也与糖尿病的发生有关。珍珠球运动消耗糖和脂肪，因此对于预防糖尿病具有非常积极的作用。在血糖异常阶段，珍珠球运动结合饮食控制，可以延缓甚至控制病情发展；在糖尿病阶段，珍珠球运动可以提高代谢率，帮助降低高血糖，结合饮食控制和药物治疗，可以有效控制血糖。

珍珠球运动可以保护和促进心脏血管的健康，这对于糖尿病人格外重要，因为糖尿病人发展到后期多数会合并心脑血管病。肥胖症、血脂异常、痛风症等疾

病，也属于代谢系统疾病，坚持进行珍珠球运动锻炼对这些疾病都有一定的预防作用。代谢性疾病一般都与饮食有关，所以对于这些疾病的预防，特别强调饮食因素的控制，只有结合饮食、运动和多种生活方式因素的综合管理，才能使预防疾病、保护健康的努力得到更充分的体现。

三、其他方面

免疫功能和心理状态会影响人们的整体健康水平。人体的免疫系统是一个庞大且遍及全身的网络，起着抵御外来疾病、维持内部稳定的作用，小到感冒、大到癌症都与其有关。免疫功能与多种疾病的发生有关，如感冒等急性传染病，动脉粥样硬化、糖尿病、肥胖症等慢性病都可能受免疫因素的影响。适度运动可以使免疫系统处于良好的功能状态，有助于提高抵御疾病的能力；过度运动可以抑制免疫功能，降低身体的抵抗力。珍珠球运动强度适宜，是很好的运动选择。

第三章 珍珠球运动训练

在珍珠球运动实践中,运动员的体能和心理素质都是影响比赛胜负的重要因素,因此要重视运动员体能和心理的训练。本章从训练实践的角度,分别对生理和心理训练的内容与方法进行了探讨,同时还对珍珠球运动员常见的心理问题及矫正方法进行了分析,以期为珍珠球运动训练实践提供理论依据,促进珍珠球运动员身心全面发展。

第一节 珍珠球运动的身体素质训练

良好的身体素质是进行技术训练和战术训练的基础,对掌握珍珠球技术、战术,不断提高运动成绩,防止伤病及延长运动寿命具有重要意义。因此,在学习珍珠球的过程中,通过不断加强对各项身体素质的科学训练,影响和促进学生身体形态和机能的改善,从而提高学生的健康水平,为其运动成绩的提高奠定良好基础。

一、身体素质训练的基本原则

(一) 身体素质训练的一般原则

珍珠球运动身体素质训练的一般原则是人们对身体素质客观规律的认识与反映,是身体素质训练实践普遍规律和基本经验的概括与总结。具体来说,应主要坚持以下五个原则。

1. 从实际出发原则

从实际出发原则是指训练应从学生的实际情况出发，在身体素质训练的安排上，要因人、因项、因时而不同，确定锻炼目的，选择适宜的运动项目，合理地安排运动时间和运动负荷。从实际出发原则要求身体素质训练要有针对性，要紧紧围绕提高专项成绩和技术水平这一最终目标进行，使学生的身体素质得到平衡发展，以适应提高运动技术水平的要求。

2. 全面锻炼原则

全面锻炼原则是指通过体育训练，改善身体形态、机能，提高身体素质，促进人体全面发展。全面锻炼原则的主要依据有以下三点：首先，全面发展的运动素质和全面提高的身体机能能力是达到高水平专项运动技术水平的前提和基础；其次，人体各器官系统之间是相互依赖、相互依存的，发展运动素质要求人体若干系统同时介入，因此在训练初期，必须采用正确的全面发展运动素质的方法，使人的身体素质高水平、全面发展；最后，必须在早期训练阶段全面提高运动素质，才能取得高水平的运动成绩。

3. 循序渐进原则

循序渐进原则主要是指在安排锻炼内容、难度、时间及负荷等方面要有计划、有步骤地逐步提高要求。增强体质的过程是有序的、逐步的，人体生理机能对外界环境的变化有一个逐步适应的过程，这个过程就是人体的能力适应各种环境变化的提高过程。

4. 适宜负荷原则

负荷一般包括负荷量与负荷强度。其中，负荷量往往以练习的次数、时间、距离、重量来表示；负荷强度往往以练习的速度、负重量、密度、难度或一定的速度、负重量、密度、难度的练习占总练习的百分比来表示。合理安排适宜的运动量，有利于促进技战术水平和身体素质的提高。这一原则的理论根据是"超量恢复"，即负荷适宜，在疲劳消除、身体恢复后可使机能得到提高。

5. 持之以恒原则

身体训练要有连续性和系统性，常年坚持体育训练，才能使体质不断增强，提高运动技术水平。坚持这一原则要求对整个训练过程系统规划，在内容、比重、手段、负荷等方面作出系统安排，尤其是在学生时期及达到高水平成绩之后，更应周密考虑。

(二) 身体素质训练的具体原则

1. 力量素质是身体素质训练的核心

人体一切运动都是肌肉在神经系统支配下的工作（收缩与放松）所致，因此，肌肉力量的大小不仅对运动成绩起主导作用，而且直接影响其他各项运动素质的发展与提高。为此，在身体素质训练中，应始终将力量训练作为最重要的核心内容加以重视和进行。

首先，注意选择合理、正确的练习方法和手段，不仅要使大肌肉群和主要肌肉群得到训练，而且要注重小肌肉群和远端肌肉群的发展，使它们得到同步和协调发展。其次，力量训练还要注意循序渐进、长期系统化，一曝十寒无法取得理想的训练效果。最后，在全面发展的基础上，要根据珍珠球运动的专项特点，有针对性地发展专项所需要的力量素质。

2. 速度素质是身体素质训练的灵魂

珍珠球运动对于速度素质要求很高。首先，速度是受多种因素影响的一种综合能力的体现，在进行速度训练的同时，要注意多种能力的培养，如力量、爆发力、协调性甚至心理训练等。其次，速度训练对人体神经和肌肉系统的灵活性要求很高，刺激强度也较大，因此，在训练中要遵循合理安排练习时间和负荷的原则。最后，由于动作结构不同的练习所获得的速度不会向专项中转移，因此，在训练中一定要根据项目特点和技术动作要求，采取有针对性的方法。

3. 灵敏与协调能力是身体素质训练的保证

灵敏与协调能力对各种运动技能的形成与发展起重要的支配作用，是健身运动爱好者迅速、准确、省力、流畅地掌握和完成各种运动技能的基本能力和保障。灵敏协调性练习对健身运动爱好者的兴奋性、神经系统要求较高，一般不宜放在大运动量的训练课后进行，练习的次数和时间也不宜过多、过长，并应保证足够的间隔时间，否则会影响训练效果。此外，训练方法手段要灵活多样，注意调节性、娱乐性和趣味性。

4. 耐力素质是身体素质训练的基础

疲劳是影响和限制运动成绩的因素之一，因此，任何运动项目都要求运动者具有相应的耐力素质，并将它作为训练中一种基本的要素来抓。不同的项目对耐力的需求有所不同，训练的内容与方法也要有所区别，所以从事珍珠球运动时，要根据其运动项目的特征来达到所需要的训练效果。

二、身体素质训练的内容与方法

(一) 力量素质训练

力量是指肌肉工作时克服阻力的能力。从生理学角度来讲，它是运动员肌肉收缩程度的反应。人体所有的活动都是对抗阻力产生的，而体育运动相较日常活动要对抗更强的阻力，因此，力量是决定运动水平的重要因素。珍珠球运动所需要的弹跳力、速度、爆发力、快速移动，以及耐力都是以力量为基础的，因此，发展力量素质对于提升珍珠球运动水平具有极其重要的意义。

1. 力量素质训练概述

（1）力量素质分类

珍珠球运动员需要发展的力量包括一般力量、爆发力和力量耐力三种。

一般力量是爆发力和力量耐力的基础，发展一般力量宜采取大负荷、少次数、多组数的练习方法。

爆发力又称速度力量，它是在尽可能短的时间里发挥出尽可能大的力量的能力。发展爆发力通常有两种方法，一是用近极限的负荷而重复较少次数的练习方法；二是用小负荷但运动速度较快的练习方法。

力量耐力是在一段时间内反复承受某一负荷的能力。它对于在长时间的比赛中保持良好的体能、取得良好的比赛成绩，以及坚持较长时间的训练都有重要的意义。通常采用负荷小而重复次数多的练习方法来发展力量耐力。

（2）影响力量的因素

1）肌肉的横断面积

横断面积越大的肌肉力量越大，它的增大是由于训练引起的肌纤维变粗。珍珠球运动员在场上完成快速移动、抢球、运球时，需要较大的绝对力量和相对力量，因此下肢需要较大的横断面积。

2）神经系统的协调能力

参加工作的主动肌、协同肌及对抗肌的协调能力主要依靠神经系统的协调能力来进行调节。除了肌肉间的协调关系，主动肌本身的"内协调能力"对力量也有较大影响。所谓"内协调能力"就是肌肉收缩时动员"运动单位"参加工作的能力，在很大程度上取决于训练水平。据研究表明，训练水平高的运动员在运动时可动员 80%~90% 的"运动单位"参加工作，而一般人只能动员 40% 左右。

3）骨杠杆的机械率

机械率取决于肌肉群的牵拉角度、每个杠杆阻力臂和动力臂的相对长度。合理的机械率由各部肌肉协调用力和正确的技术动作来体现。

4）肌纤维的类型

白肌纤维收缩速度快、张力大，是力量素质的主要因素，白肌纤维占的比例越大，肌肉的力量，特别是爆发力就越强。

5）内脏器官机能

内脏器官的有氧代谢能力与力量耐力有密切联系。

2. 力量素质训练的内容与方法

（1）上肢力量练习

1）哑铃练习

①坐姿交替弯举：4 组，每组 10~12 次。坐在凳子上，手持哑铃，以肘关节为轴，做屈前臂动作，两臂交替。反复练习。

②单臂哑铃颈后屈伸：4 组，每组 10~12 次。两脚左右开立，两手正握哑铃，两臂上举后，屈肘将哑铃置于肩后，做向上伸臂动作（类似挥拍动作）。反复练习。

③前臂屈伸：4 组，每组 10~12 次。两脚稍开立，两手持哑铃置腿旁，以肘关节为轴，做前臂屈伸动作。反复练习。

④侧平举：4 组，每组 10~12 次。两脚左右开立，两手握哑铃置于体侧，两臂直臂缓慢侧平举，然后缓慢回至膝旁。反复练习。

2）徒手练习

①俯卧撑：3 组，每组 15~20 个（间歇 30 秒）。双手撑地，两臂自然垂直，

身体呈倾斜状,肩膀位置较高,肩膀到小腿要呈直线,不能弯曲,腰腹部肌肉收紧,保持下半身平衡,脚尖撑起;下去的时候吸气,上来的时候呼气。反复练习。

②引体向上:2组,每组6~8个。在单杠上自然悬垂,配合手臂力量将身体向上拉,拉的过程中挺胸,两肩后张,使背部肌肉尽力收缩,有挺胸去触碰单杠的感觉,上拉到下巴超过单杠后放松肌肉下放身体。反复练习。

③支撑爬行:4组,每组2~4次。练习者的两腿由同伴抬起,成两臂支撑姿势,做向前爬行的动作。两人交换,反复练习。

④支撑俯卧撑:4组,每组10~12次。练习者的两腿由同伴抬着做俯卧撑。两人交换进行练习。

⑤两人拉肩:两人背靠背站立,两臂上举,互握手,各向前迈一步,挺胸成背弓,然后复原姿势。反复练习。

3)橡皮筋练习

①颈后臂屈伸:4组,每组10~12次。两脚前后站立(左前右后),右臂屈肘,前臂置于颈后,右手握固定的橡皮筋的一端,做向前挥拍动作。反复练习。

②双臂前摆:4组,每组10~12次。两脚左右开立,两手握橡皮筋,从肩后向前做摆臂动作。反复练习。

③前臂屈伸:4组,每组10~12次。两脚左右开立,脚踩橡皮筋;两手握橡皮筋,两臂屈肘置于体侧,做前臂屈伸动作。反复练习。

4)实心球练习

①双手向前掷球:4组,每组10~12次。两脚前后开立,左腿在前稍屈膝;上体稍后仰,两手持球于头后上方,做向前送髋、挺胸、振臂的向前掷球动作。反复练习。

②单手投掷球:4组,每组10~12次。两脚左右开立,右腿稍后撤并屈膝,向右转体以左侧对投掷方向,右手持球于肩后上方,然后向前做投掷动作。反复练习。

(2)腰腹力量练习

1)杠铃练习

①体侧屈:4组,每组10~15次。两脚左右开立,肩负杠铃,两臂侧举,手扶杠铃横杠,向左右侧做屈体动作。反复练习。

②体前屈:4组,每组8~12次。两脚左右开立,肩负杠铃,两手握杠铃横杠,做体前屈动作。反复练习。

2）实心球练习

双人转体传球：4 组，每组 10~15 次。两人背靠背站立，相距适当距离，一人手持实心球，接着两人同时向左、向右转体传递实心球。两侧交替进行，反复练习。

3）高台仰卧起坐

4 组，每组 10~15 个。仰卧在高台上，头在台外，两脚由同伴压住，两手持杠铃片放在颈后，做仰卧起坐动作。反复练习。

4）平板支撑

4 组，每组 30~120 秒。肘关节和肩关节与身体都要保持直角。在地面上进入俯卧姿势，用脚趾和前臂支撑身体。手臂呈弯曲状，并置放在肩膀下。任何时候都要保持身体挺直，并尽可能长时间保持这个姿势。

（3）下肢力量练习

1）杠铃练习

①杠铃负重深蹲：4 组，每组 8~10 次。双脚分开与肩同宽，双膝向前，腰背挺直，上身正直，保证直起直落，千万不要弯腰弓背。

②单足（或双脚）提踵练习：4 组，每组 10~15 次。脚跟悬空，做的时候提脚跟，上提动作要快，下落要慢，充分拉伸小腿后面的肌肉群。反复练习。

③负重弓箭步走：4 组，每组 15~20 步。肩负杠铃，向前迈出一步，身体下蹲至前大腿与地面平行，后腿用力瞪起向前迈出下一步。上身始终保持正直，不要前倾或后仰。形成弓箭步时后脚跟要抬起，步子不要太大。反复练习。

④负重深蹲后跳起：4 组，每组 8~12 次。肩负杠铃深蹲后向上跳起。反复练习。

2）台阶练习

①快速跑台阶：4 组，每组 4~6 趟。

②双脚连续跳 2~3 个台阶：4 组，每组 2~4 趟。

3）跳绳练习

①快速单或双脚跳：4 组，每组 50~100 个。两手握绳的两端，绳由体后向前摇，当绳快落地时提前单脚迅速起跳至绳通过，如此反复。注意要用前脚掌起跳和落地，不能用全脚或脚跟，以免脑部受到震动，同时呼气要自然有节奏。

②快速交叉跳：4 组，每组 50~100 个。两手握绳的两端，绳由体后向前摇，当绳摇到前上方时，两臂迅速体前交叉，同时向后快速抖腕（前臂外旋），两脚

立即跳起，绳通过再摇至头上方时交叉两臂还原，用同样方法连续跳。

③快速双摇跳：4组，每组15~20个。双脚跳起一次双手迅速向前摇绳绕体两周。注意两脚掌蹬地发力，跳起一定高度时，提膝、收腹、稍含胸，上臂下垂，尽量贴近身体，双手以手腕发力为主。

4）斜坡跑道练习

①上坡跑60米：进行3~5组，间歇2~3分钟，采用走或慢跑的方法休息，待心率恢复到120次/分钟左右进行下一次训练。

②下坡跑60米：进行3~5组，间歇2~3分钟，采用走或慢跑的方法休息，待心率恢复到120次/分钟左右进行下一次训练。

③上坡跨步跳60米加下坡放松跑60米：进行3~5组，间歇2~3分钟，采用走或慢跑的方法休息，待心率恢复到120左右进行下一次训练。

④上坡深蹲跳30米：进行3~5组，间歇2~3分钟，采用走或慢跑的方法休息，待心率恢复到120次/分钟左右进行下一次训练。

3. 力量素质训练的注意事项

①练前要做好准备活动，正确选用练习手段，使其符合锻炼肌肉群的目的。练习的重量要由轻到重，练习的速度要由慢到快。

②应根据自己的实际情况选择合适的项目进行珍珠球力量素质的练习。同时，无论选用什么样的负荷，都要遵循由小到大的原则，切勿突然增大运动负荷，以免造成伤害事故。

③在进行珍珠球力量素质的练习时，应重视身体各个部位的锻炼，全面发展各个部位力量，如上肢、躯干（腹肌、背肌、腰部两侧肌肉）、下肢的力量等。

④珍珠球力量训练可以采用隔日力量练习，并且身体各部位要交替练习，或各种动作交替练习，效果会更理想。如果每天都进行力量练习，不仅提高肌肉力量的效果不明显，还会导致整体机能发展不协调。

⑤要符合循序渐进的原则，注意重量和组数、次数的递增，先练习一定的重量，再增加次数和组数，循环往复，不断提高力量水平。

⑥训练要持之以恒。如果停止练习，已经获得的肌肉力量会逐渐消失。肌肉力量消失的速度相当于肌肉力量获得速度的1/3，为了保持已获得的肌肉力量，可每周进行一次力量练习，以保持已获得的力量水平。

⑦力量训练的手段应力求与专项动作紧密结合。发展力量素质要与技战术相

结合，所以珍珠球运动的力量训练手段必须力求与其动作结构、用力方向、参与肌肉及其工作方式、关节角度等一致。例如，珍珠球上肢力量训练，除了发展一般肩带部位的肌肉力量，还应主要针对提高与抄球有关的动作的爆发力，在研究动作用力方向的基础上采取相应的训练手段；在进行下肢力量训练时，要根据珍珠球运动技术中移动的特点而采取相应手段，使之有利于发展下肢专项力量。

（二）速度素质训练

1. 速度素质训练概述

（1）速度素质的含义与分类

速度是指单位时间内完成某个动作或移动某段距离的能力。参与者在珍珠球比赛中须适应迅速移动的对手和球，因而速度是珍珠球运动员应具备的重要素质。

速度可分为反应速度、动作速度和移动速度。珍珠球运动员判断场上队员位置，观察球的运行方向，需要反应速度；完成抄球动作需要动作速度；抢占有利位置或争取最佳空间需要移动速度。离开了速度，珍珠球运动的技术风格就难以体现，所以提高速度素质是很重要的训练任务。

1）反应速度

反应速度是先天的因素，通过训练加以提高是有限的，而且有随年龄增长而减慢的趋势。由于珍珠球运动信号感十分强烈，对反应速度要求很高，故应尽早加强训练。珍珠球运动员的反应速度是对球场上双方队员行动的变化和球的位置、方向的变化的迅速应答能力，这种能力通常以"综合反应时"来反映。

2）动作速度

动作速度主要是克服运动员本身体重，阻力比较小，所需力量也比较小，主要靠肌肉间的协调能力起作用。其中，在珍珠球场上完成运球、传球、抄球动作的速度就是动作速度。

3）移动速度

单位时间内身体移动的距离就是移动速度。移动速度的快慢除了取决于协调性，还与克服较大身体惯性的能力有关。比如运动员从静止状态到迅速移动，或从移动到静止状态。在珍珠球场上，其以移动和传球、抄球、拦截等速度表现出来。

（2）影响速度的主要因素

1）神经过程的灵活性

运动神经中枢兴奋与抑制的转换速度，即神经过程的灵活性。身体运动是靠肌肉的收缩与舒张实现的，而肌肉是由神经支配的。因此，神经过程的灵活性好，反应速度就快；反之则速度就慢。

2）肌肉的类型和肌肉活动的协调性

生理学研究表明，白肌纤维成分较多的人适宜参与速度性项目，这是由白肌纤维的生理、生化特点（如 ATP 的含量及其分解与再合成的速度、神经冲动的传导速度等）决定的。肌肉各群之间协调性的改善可以提高活动速度，因为肌群的协调配合使肌群之间的阻力减少，从而提高了肌肉活动的速度。此外，关节的灵活性、对抗肌的拉长能力也有助于速度素质的提高。

3）与爆发力的关系密切

力量、灵敏，尤其是爆发力的水平与速度密切相关，发展这些素质才能有效地提高速度素质水平。

2. 速度素质训练的内容与方法

（1）速度素质训练的特点

实践表明，力量素质和速度素质之间存在转移规律，力量素质对速度素质的提高起决定性的作用，且不同性质的力量训练将产生不同性质的速度素质。因此，在进行珍珠球速度素质训练时，要将速度训练与力量训练结合起来进行，依据专项特征和个人运动特点，优先发展健身者优势的竞技因素，逐步加大与专项技术动作结构一致的力量训练内容，选择有效的训练手段，组成最佳的训练方法。

（2）速度素质训练的要求

①各项身体素质训练相结合时应注意：最大速度与爆发力量和速度力量相结合、速度耐力与速度力量相结合、改进技术训练与最大力量和爆发力量相结合、提高专项运动能力与专项力量和速度力量相结合。

②在进行珍珠球速度素质的训练时，不宜在身体疲劳时进行，一般应安排在课程的前半部分进行。

③选用的练习动作，应是可用最高速度完成的动作。

④单次练习的持续时间不应超过 20~30 秒，练习次数不宜过多，总练习时间不宜过长，以防因机体疲劳导致反应和动作速度变慢，妨碍速度素质的发展与提高。

⑤珍珠球的速度素质训练应与灵敏素质训练相结合，以便取得较好的训练效果。

（3）速度素质训练的方法

1）反应速度练习

①听口令起跑：听到"站立、蹲下、趴下、平躺"口令后马上起跑。

②听口令变向跑：在快速移动中听到口令后快速做出变向并冲刺跑。

③听口令转身跑：背向起跑线站姿、蹲下或坐下，听到口令后快速转身冲刺跑。

④听信号做动作：如教练员喊出 1、2、3、4 中的某个数字，运动员快速做出相应动作；在跑动过程中，根据训练同伴发出的信号，迅速做出相应动作，如急起、急停、侧身步、跨步、交叉步等。

⑤用多球做抄球练习：根据来球运动轨迹，迅速判断方向和落点，然后做出反应和动作。

2）移动速度训练

移动速度是指在最短时间内，通过步法移动迅速到达抄球位置的能力。

①左右移动的步法练习：30 秒至 1 分钟为一组。

②左右跨跳：30 秒至 1 分钟为一组。

③推、侧、扑步法练习：30 秒至 1 分钟为一组。

④交叉步移动：30 秒至 1 分钟为一组。

⑤长短球步法练习：30 秒至 1 分钟为一组。

⑥多球练习：可提高步伐移动速度。

3）动作速度训练

①采用领跑、助跑和音响、灯光等信号发出速度感觉指令，以提高动作速度的练习，如用音响或灯光信号发出速度感觉指令，可提供更快的动作节奏，提高动作的速度。

②在限定的时间内，要求健身者用最高速度或频率完成练习的动作，如用右手持拍在发球线启动快速触碰两角球网的练习。

③变换各种形式和方向的快速跑或其他动作的练习，如立卧撑，十字变向

跑，各种躲闪、急停、迅速转体等练习。

④利用器械重量变化后的后效作用进行练习。实验证明，在类似的负重动作影响下，可以使下一次练习的动作速度暂时得到提高，如先用稍重的抄网做抄球练习，再用正规抄网做练习。

⑤组织各种利于发展速度的游戏，如两人对面站立，先将左手置于身后，发令开始后，设法用自己右手摸对方后背，摸中1次得1分，得分多者为胜。

3. 速度素质训练的注意事项

①珍珠球速度素质训练，不宜在身体疲劳时进行，应在练习者兴奋性高、精力充沛、运动欲望强的情况下进行，安排在每次课程的前半部分为宜。同时，要注意练习的质量，不要片面追求练习量的大小。

②珍珠球速度素质的发展是一个复杂的结合过程，只有把速度练习同快速力量、爆发力、灵敏、协调等素质结合起来才能取得较好的效果。

③单次练习的持续时间不应超过20~30秒，练习次数不宜过多，总练习时间不宜过长，以防因机体疲劳导致反应和动作速度变慢，妨碍速度素质的发展与提高。

④用负重法做专门性动作速度练习时，重物的重量应比发展单纯力量或速度力量时小。当采用专项动作本身作为练习手段时，一般不宜负重。

⑤进行速度素质训练时，练习的动作结构应与专项技术动作相似。

⑥安排好练习的间歇时间和休息方式，应使健身者机体相对得到完全恢复，以保障下次练习有高能物质供能。

⑦珍珠球速度素质的练习手段和安排方法，既要注意相对集中，又要防止过分单调，应采用多种节奏和频率，以逐渐加速和可以控制的速度进行练习。

(三) 耐力素质训练

1. 耐力素质训练概述

耐力素质指人长时间坚持工作的能力。耐力训练可提高人体抵抗疲劳的能力，提高呼吸系统、血液循环系统的功能水平，改善大脑皮层兴奋与抑制有节奏交替的能力，从而使机体能量物质的贮备增多，促进其他素质发展。

耐力素质可分为肌肉耐力和心血管耐力。肌肉耐力也称力量耐力。心血管耐力按运动中氧代谢的特征，可分为有氧耐力和无氧耐力；按耐力素质与专项运动的关系，可分为一般耐力和专项耐力；依参加主要工作所动员肌群的数量，可分为局部耐力和全身耐力。

2. 耐力素质训练的内容与方法

（1）耐力素质训练的特点

耐力素质是指有机体长时间工作的抗疲劳能力。进行耐力训练的主要目的是保证运动器官具有足够的能量储备，有迅速消除代谢产物的能力，以保持内环境的机能稳定。

珍珠球运动属于对抗项目，比赛越到后期越紧张激烈，竞赛中队员的大脑皮层长期处于紧张状态，因此要求其必须具有一定的耐力素质。

（2）耐力素质训练的要求

①珍珠球耐力素质的训练，应安排在课程的后半部分进行。

②有氧代谢供能是无氧代谢供能的基础。因此，在珍珠球耐力素质的训练中，应对有氧耐力训练给予必要的重视。

③珍珠球运动员需要具有相当大的耐力储备，在专项训练中应承受比比赛更大的专项负荷，充分利用专项运动负荷的增长来发展专项耐力。

（3）耐力素质训练的方法

1）一般训练

①越野长跑练习：在郊外，规定一定的时间和距离，进行长跑练习。跑的速度可以适当变化，心率控制在150~170次/分钟，运动时间在1.5~2小时。

②长距离变速跑练习：在相当距离内，3000米或5000米以上，采用快慢交替的训练方式，进行变速跑步练习。注意负荷强度要由低到高，心率控制在130~150次/分钟、170~180次/分钟，训练时间在0.5小时以上。

③800~1500米变速跑：练习者6~10人列成纵队，听信号从排尾跑到排头，在这段距离内要加速跑，或用滑步、交叉步等。

④3分钟花样跳绳：正摇、反摇、交叉摇、（双摇跳50次+单摇跳50次）×5、（双摇跳30次+单摇跳50次）×5等练习。

2）专项训练

①3分钟长短球步法训练：运动员利用半场持抄网做远、近距离抄球的步伐练习，动作应严格规范。

②移动步法加冲刺跑训练：运动员进行 200 米、300 米或 400 米全力冲刺跑后，立刻进行 45 秒或 1 分钟全场移动步法练习，完成两项内容为一组，中途没有间隔，组与组之间可间隔 3 分钟左右。依据选手的具体情况，可采用 2 组、3 组、5 组不等的练习负荷。

3. 耐力素质训练的注意事项

①发展珍珠球耐力素质时，要根据自己的体力、营养等实际情况，合理安排负荷量和强度，科学进行锻炼，使耐力素质逐渐提高。

②在珍珠球耐力素质练习中，要重视呼吸问题。通过有意识地调节、控制呼吸的节奏，调节呼吸的深度和改变呼吸的方式，使机体保持良好的运动状态。

③珍珠球耐力素质训练是一个长期的、渐变的过程，训练比较艰苦、枯燥，最好组织集体练习，手段要多样化。因此，训练不但能够增强运动员的意志品质，提高其训练的积极性，还可以培养其团队合作精神。

④在耐力训练中，消耗比较大的是体力和耐力，因此一定要做好恢复工作，保证训练的有效性和安全性。通常，采取的方式主要有两种，一种是在训练间隔采用积极性休息的方式，以有效避免突然停止大强度活动造成的血液回流困难、大脑供血不足；另一种是在训练后进行多种形式的物理、医学、心理学等方面的积极恢复，其中心理恢复可以大幅促进生理疲劳的恢复，是身体恢复的重要因素之一。

（四）灵敏素质训练

1. 灵敏素质训练概述

灵敏素质指在各种突然变换信号刺激的条件下，珍珠球运动员能迅速、准确并协调地改变身体运动的能力。它要求运动员必须具备很好的判断能力和反应速度，要求运动员随机做出的应答动作必须在时间、空间及用力特征上相互协调。对于珍珠球健身者来说，灵敏素质是一个非常重要的素质，灵敏素质可分为一般灵敏素质和专项灵敏素质，其中一般灵敏素质是指在完成各种突变动作时所表现出来的运动能力；专项灵敏素质是指与专项技术有密切关系的灵敏素质。

2. 灵敏素质训练的内容与方法

（1）灵敏素质训练的特点

灵敏素质实质上是中枢神经对运动器官的支配能力，表现为完成动作的准确与快慢程度，包括反应、协调性和动作幅度等因素。

在一场珍珠球比赛中，球运动的变化很大，需要练习者在很短的时间内对传、接球的方向、速度等进行全面观察，迅速做出判断并想出对策，迅速移动步法，调整身体重心和接、抄球位置，以适应各种复杂的动作和技战术变化。

（2）灵敏素质训练的要求

①在珍珠球灵敏素质的训练中，最重要的是提高人体大脑皮质神经的灵活性和兴奋性。只有大脑皮质的灵活性和兴奋性高，才能使运动器官对外界的刺激做出迅速的反应，从而迅速地完成各种动作。

②灵敏素质是一种综合素质，与力量、速度、协调等素质有密切关系。因此，发展灵敏素质，应从这些基本因素着手，结合所练项目的运动特点来组合设计实际锻炼的内容。

③灵敏素质应在体力较好时进行锻炼，练习负荷强度要大，每次负荷持续时间不宜过长，重复次数也不宜太多，间歇时间要充分，以免产生疲劳。

（3）灵敏素质训练的方法

①抛接球游戏：教练员站水区，练习者站在得分区，教练员将球朝不同方向投出，练习者快速将球抄住，在限定的时间内抄得的次数越多越好，投球远近、高低要结合运动员自身特点而定。抛接球时，练习者左手前平举，用右手将球从左手手臂下方将球抛起，再用右手接住 30 秒，用同样的方法换左手进行 30 秒，1 分钟内抓球多的游戏者胜利。

②在跑、跳中迅速、准确、协调地做出各种躲闪、急停、变向跑、蛇形跑等练习。

③传球抢截游戏：将练习者分为两组，每组 3~4 人，在限定范围内，进行传球抢截游戏。

3. 灵敏素质训练的注意事项

①在进行珍珠球灵敏素质的训练时，一定要将灵敏素质训练安排在其他素质训练之前，否则会对训练效果产生不利的影响。

②身体灵敏的全面提高，有赖于多建立有严格要求的条件反射。学会正确的随意的动作，越多越好。

③人在疲劳时灵敏性会变差。因此，不断提高自己的耐力水平，对保持灵敏性有积极的作用。

④准确分析动作的能力越强，迅速掌握动作或重新组合动作的能力就越强。

所以，不论练习什么动作都应该全身心地投入，培养准确感觉自己动作的能力。

⑤在选择珍珠球灵敏素质训练方法时，一定要选择趣味性和多样性较强的，与比赛中各种动作的灵敏特点相结合。同时，这些动作应该是接近实战情况的短距离的突然起动的动作，这样才能有效提高锻炼者参与训练的积极性。

⑥灵敏素质是多种素质的综合表现，尤其与速度、力量素质关系密切，所以安排训练内容时应与其他素质结合进行。

⑦一般来说，12岁左右的少儿是灵敏素质的提高期，13~14岁时灵敏素质发展不稳定，15岁以后逐渐趋向稳定。要以这些特点为主要依据，重视学生的灵敏素质训练，为其日后参与各项运动奠定坚实的基础。

（五）柔韧素质训练

1. 柔韧素质训练概述

柔韧素质指人体各关节活动幅度的大小，其中主要指的是跨过关节的肌肉、肌腱、韧带等软组织的伸展能力。

在发展其他身体素质的同时，不应忽视对身体柔韧素质的训练，应尤其注意发展珍珠球项目需要的肩、腕、腰、髋、踝等关节的柔韧性。随着运动员年龄的增长，肌肉韧带会变得僵硬，因而会影响技战术水平的进一步发展。肩关节柔韧性差，必然造成抄球时摆臂幅度不大；髋关节的柔韧性差，必然造成跨步动作的伸展面受影响。

2. 柔韧素质训练的内容与方法

（1）柔韧素质训练的特点

一般来说，在珍珠球柔韧素质的训练中，不同年龄阶段通常表现出不同的特点。13~16岁，柔韧素质下降，易出现伤害事故，所以应避免或少做过分弯曲和扭转的动作。此外，此阶段人体生长发育很快，内分泌又发生改变，骨骼系统所能承担的负荷相对减弱。16岁以后，可逐步加大柔韧练习的负荷强度和难度。

（2）柔韧素质训练的要求

①在进行柔韧素质练习时，应由简到繁、由易到难，循序渐进。动作幅度应由小到大，不能操之过急。练习动作要规范，不能用力过猛，强调把注意力集中在放松及拉长的肌肉和韧带上。

②在柔韧素质练习中，辅助练习者应是有经验的人，切不可随便让不了解情况者给予助力。练习时要动静结合，左右结合，上下结合，刚柔相济，协调发展。

③不同项目对柔韧性有不同程度的要求，因此在确定练习的量、强度、内容和手段时，要结合自己的实际情况，科学地进行安排。

（3）柔韧素质训练的方法

1）上肢柔韧素质训练方法

①颈部弯曲：站立（或坐立），双手在头后交叉；呼气，向胸部方向拉头部，下颌接触胸部。此动作要求双肩下压，动作幅度尽量大，极限位置保持3~5次呼吸。还原后，头部再向后仰，极限位置保持3~5次呼吸。

②牵拉手臂侧倒头：站立（或坐立），左臂在背后伸直，右臂屈肘，右手从背后抓住左手，将左臂向右拉过身体中线；呼气，将右耳贴到右肩上。动作幅度尽量大，极限位置保持3~5次呼吸。左右手交替进行，可逐步延长至保持10~15次呼吸。

③站姿（或坐姿）双手合十胸前转动：双脚开立；双臂屈肘，双手在胸前合十，掌心相对，指尖向上；慢慢转动双手，使指尖向下，极限位置保持3~5次呼吸。练习3~5组，每组3~5次，逐步延长保持呼吸的次数至5~10次。手部转动时上身不能前倾，两臂位置不变。

④站姿（或坐姿）双手合十左右倾倒：双脚开立，双臂屈肘，双手在胸前合十，掌心相对，指尖向上；右手慢慢向左侧压左手，极限位置保持3~5次呼吸。左右交替进行，练习3~5组，每组3~5次，逐步延长保持呼吸的次数至5~10次。手掌左右倾倒时，身体不能跟着动，肩、臂、肘位置不变。

⑤站姿（或坐姿）手掌翻转拉伸：双脚开立，双臂自然屈肘，双手置于腹部前方，十指并拢，压住腕关节，指尖斜向上，整个手掌绷紧，保持3~5次呼吸；双手慢慢回扣，拇指置于食指内侧，极限位置保持3~5次呼吸。练习3~5组，每组5~10次。这个动作是对手掌肌肉的拉伸。

⑥跪撑正、反压腕：练习者双膝和双臂直臂撑地，双手间距约与肩同宽，手指向前（后）；呼气，身体重心前（后）移，恢复开始姿势重复练习。动作幅度尽量大，极限位置保持3~5次呼吸。

2）肩关节柔韧素质训练

①站姿（或坐姿）手臂侧拉：双腿开立，略比肩宽；左臂伸直，右臂屈肘，左手握拳，用左拳挡住左手手腕处，感受上臂和肩部被拉伸的感觉，极限位置保

持3~5次呼吸。左右交替进行，每侧练习3~5次。

②站姿（或坐姿）曲臂搬肘：身体直立，右臂屈肘放于脑后，左手握住左肘向右侧拉动，极限位置时保持3~5次呼吸。左右交替进行，每侧练习3~5次。随着练习次数的增加，屈肘的大臂会越来越贴近耳朵，肩关节会越来越灵活。

③对墙压肩练习：双脚开立约两倍肩宽，双膝微弯曲；双手撑墙，上身尽量与地面平行，注意双手不要撑得太高，不要撅屁股，头、背、腰在一条直线上，保持5~10次呼吸。动作熟练后，可以保持3~5分钟。

④身后拉毛巾：双腿开立略比肩宽，左臂屈肘，右臂伸直，双手各握住毛巾的一端，感受双臂和肩部与毛巾形成"弓"形，保持3~5次呼吸，逐步拉长保持时间至10~15次呼吸。左右交替进行，每侧练习3~5次。

⑤徒手或手持哑铃做前后绕环练习。

3）腰部柔韧素质训练方法

①腰部绕环：双脚开立，与肩同宽，以腰部为轴，使上身顺时针环绕10圈，再逆时针环绕10圈。上身环绕不要太快，可在前、后、左、右四个点处停留3~5次呼吸。

②站立双臂上举体侧屈：练习者双脚左右开立，双臂上举，双手举过头顶合十，上身向一侧屈至最大限度保持3~5次呼吸，左右交替练习。

③抬腿侧身：右腿搭在桌子上，尽量使两腿成90°；双臂上举，双手十指交叉，手心向外，身体向右侧弯曲，极限位置保持3~5次呼吸，左右交替进行，每侧练习3~5组，逐步延长保持时间至10~15次呼吸。

④俯卧单侧屈腿挺身：趴在垫子上，双臂屈肘支撑身体，左腿伸直，右腿屈膝；双臂伸直，改为双手支撑身体；腰背挺直，目视前方，保持3~5次呼吸。左右交替进行，每侧练习3~5次，逐步延长保持时间至10~15次呼吸。

4）下肢柔韧素质训练

①臀部拉伸。

● 双手扶墙侧伸腿：面向墙面站立，双臂上举，双手扶墙；左腿向身体右后方伸直，脚尖点地，极限位置保持3~5次呼吸。左右交替进行，每侧练习3~5次，逐步延长保持时间至10~15次呼吸。

● 仰卧屈膝抱腿：平躺姿势，左腿伸直，右腿屈膝，尽量使右小腿与地面平行；双手抱住右侧大腿，使右腿尽量贴近胸部，极限位置保持3~5次呼吸。左右交替进行，每侧练习3~5次，逐步延长保持时间至10~15次呼吸。

②腿部拉伸。

● 扶墙上步腿部拉伸：面向墙面，成弓步，右腿屈膝在前，左腿蹬直在后，双臂伸直，双手扶墙；左脚上前一步，脚尖抵住墙面，右脚踮脚尖，充分拉伸左腿后侧的肌肉，极限位置保持 3~5 次呼吸。左右交替进行，每侧练习 3~5 次，逐步延长保持时间至 10~15 次呼吸。

● 靠墙站立一字压腿：身体侧对墙面站立，左腿抬起，左脚踩在墙面上；上身左转，双手抱住左脚的脚踝，注意上身转动时，站立支撑的腿始终保持不动，保持 3~5 次呼吸。左右交替进行，每侧练习 3~5 次，逐步延长保持时间至 10~15 次呼吸。

● 扶墙屈膝：面向墙面站立，右臂伸直，右手扶墙；左腿屈膝，左手握在左脚面靠近脚踝处，使左脚贴紧臀部，极限位置保持 3~5 次呼吸。左右交替进行，每侧练习 3~5 次，逐步延长保持时间至 10~15 次呼吸。此外，还可以身体侧对墙面站立，手在一侧扶墙练习。

● 体前屈：双脚分开，上身向下弯曲，双手握住脚踝后侧，上身尽量贴近大腿，保持 3~5 次呼吸。练习 3~5 次，逐步延长保持时间至 10~15 次呼吸。

● 直角前倾压腿：面向桌子站立，右脚抬起放在桌子上，脚尖绷直，上身前倾，双手抱住右脚，极限位置保持 3~5 次呼吸。左右交替进行，每侧练习 3~5 次，逐步延长保持时间至 10~15 次呼吸。

● 坐姿上身前倾：成坐姿，左腿伸直，右腿屈膝；右臂伸直，右手抓住左脚外侧，上身前倾，极限位置保持 3~5 次呼吸。左右交替进行，每侧练习 3~5 次，逐步延长保持时间至 10~15 次呼吸。

● 跨步上身前倾：成弓步，左腿屈膝，右腿在身后，右小腿贴地；双臂在身体两侧直臂支撑，指尖朝向身体前方；挺胸抬头，目视前方，保持 3~5 次呼吸。左右交替进行，每侧练习 3~5 次，逐步延长保持时间至 10~15 次呼吸。

③踝关节拉伸。

● 跪姿脚背拉伸：成跪姿，双脚并拢，臀部坐在两脚跟处；双手在体侧撑地，抬起膝关节，感受脚背的肌肉被充分拉伸，极限位置保持 3~5 次呼吸。练习 3~5 次，逐步延长保持时间至 10~15 次呼吸。

● 站姿脚背拉伸：成站立姿势，双手叉腰，右腿向后，脚背着地，感受脚背延伸至小腿前侧的肌肉被拉伸，保持 3~5 次呼吸。左右交替进行，每侧练习 3~5 次，逐步延长保持时间至 10~15 次呼吸。

● 俯撑拉伸：练习者从俯卧撑预备姿势开始，双手逐渐向双脚靠近，升高髋部与地面形成三角形，缓慢下压脚跟到地面，双脚轮流练习。练习时双臂和背部伸直，并成一线；幅度尽量大，动作结束保持10秒左右。

3. 珍珠球柔韧素质训练的注意事项

①柔韧素质要尽早培养并经常保持，持之以恒。根据人体机能发育的特点，儿童时期是发展柔韧素质的"敏感期"，抓住这个时期训练柔韧素质，能使其得到巩固和保持，并不易消退。必须注意，通过训练而获得的柔韧素质进步很快，但如果停止训练则消退得也快。因此，要经常保持训练。柔韧训练一般可安排在早操时间、准备活动及课后结束部分，其对机体的恢复很有好处。

②在进行柔韧训练时，要注意气温。天气太冷不利于柔韧训练，只有在适当气温时训练才会有较好的效果。

③柔韧素质的发展要适度。发展柔韧素质以可最大限度发挥专项能力为前提。一般来讲，没有必要使柔韧素质的发展水平达到最大限度，控制在专项技术所需的伸展度上即可。如果超过这个限度，会导致关节和韧带变形，影响关节结构和牢固性，且易造成伤害事故。

④柔韧素质训练前，要做好充分的准备活动。肌肉伸展性和肌肉的温度有关，通过准备活动，提高肌肉的温度，降低肌肉的粘连性，有利于柔韧性发展。

⑤在珍珠球柔韧素质的练习中，辅助练习者应是有经验的人，切不可随便让不了解情况者给予助力。练习时要动静结合，左右结合，上下结合，刚柔相济，协调发展。

第二节　珍珠球运动的心理素质训练

一、心理素质训练的内容

（一）自信心、意志力和注意力的训练

实践表明，良好的心理素质是成为一名优秀的珍珠球运动员必须具备的条件。其运动能力与智力、个性特征、训练和比赛中的心理状态、心理自我控制调节技能、社会心理特点及心理障碍等存在密切关系。就高校珍珠球运动员而言，优秀的运动员必须具备的心理品质包括自信心、意志力与注意力。

1. 自信心

优秀运动员所具备的典型特征是自信。所以，对珍珠球运动员进行训练的重点是培养运动员的自信心。

随着珍珠球运动不断变化与发展，其多样性、复杂性、变化性强的特点，对运动员在比赛中的生理和心理承受能力提出了更高的要求。除了珍珠球运动本身的特点，运动员还常受胜负、环境、社会等因素的影响。运动员自信心强，才能在复杂的运动过程中做出正确的判断与行动，从而促使比赛朝着积极的方向发展。

2. 意志力

意志是一种意识调节活动，表现为人节制自己行为的能力。意志力的特点包括目的性、果断性、顽强性与自制性。

意志力的目的性体现为，每次训练课与比赛都有一个与长期目标相联系的短期目标，珍珠球运动员需要充分发挥自身的最大潜能，克服种种困难，从而实现训练和比赛目标。珍珠球运动员意志力的果断性对于训练和比赛任务的完成具有重要的作用。特别是在变化莫测的比赛中，成败的交错瞬间会对心理产生干扰，从而对行动的正确抉择产生影响。意志力的顽强性决定了珍珠球运动员必须具备顽强的意志品质与富于挑战的精神，进而才能实现攀登高峰的目标。珍珠球运动员必须具备的意志品质还包括意志力的自制性。在比赛中，只有具备自制性，才能对自己的行为进行约束，最大限度地控制自己不受裁判、观众、场地、气候等因素的影响。

在珍珠球运动训练中，教练员需要有意识地针对某一特定目标培养运动员克服种种困难和障碍的能力，锻炼和培养其优良的意志品质。需要明确的是，训练和比赛的目标应适宜，目标不能设置得过高或过低，否则不利于意志力的培养。

3. 注意力

在珍珠球比赛中，注意力对运动员而言特别重要，包括注意力的范围、稳定性、转移及其分配。

珍珠球运动员在完成技术动作、进行攻守配合时，应对全场的局势和变化进行全面把握，同时善于洞察对手和同伴的行动意图。这些都同珍珠球运动员的注意力有着密切的联系。

对珍珠球运动员注意力的培养，需要做到以下三点：①学会观察，将注意力逐渐从球上转移到球场上，从狭窄的观察面扩展到较宽广的观察面；②在形势较复杂的赛场上，有意识地引导运动员合理分配注意力；③在赛前的复杂心境中，用正确的方法转移注意力，对比赛前的过度兴奋情绪进行调节，或者集中淡漠比赛运动员的注意力，以提高其自我控制能力。

(二) 珍珠球比赛的心理状态调控

1. 赛前的心理准备

研究资料表明，赛前心理状态的好坏会对运动员战术水平的发挥产生直接的影响。

过分激动状态、淡漠状态、盲目自信状态和最佳战斗状态是运动员赛前的几种心理状态。前三种状态都需要合理的方法进行调整。赛前心理状态的调整方法主要有以下六点：

（1）明确比赛的任务与目标

目标的制订既要利于珍珠球运动员潜力的发挥，又要使其接受。

（2）增强运动员取胜的信心

对珍珠球运动员而言，取得成功的重要基础是足够的自信心。运动员应做好充足的思想准备，以应对比赛中可能遇到的各种不利因素。同时，通过认知训练，帮助运动员正确评估彼我双方的力量，培养珍珠球运动员敢于竞争与拼搏的精神，以良好的心理状态投入比赛中。

（3）使运动员的情绪趋于最佳状态

运用心理调节训练的方法，对各种不利于比赛的情绪进行有针对性的调节，从而使运动员的情绪趋于最佳状态。

（4）激发运动员良好的比赛动机

在调动运动员参加比赛的积极性时需注意，运动员的动机过于强烈或注意力过分集中都会造成精神紧张，进而对技术水平的发挥产生影响。

（5）分析状况

一是对珍珠球比赛中的行动和思维程序进行表象演示，熟悉战术实施要求；二是对可能出现的困难与对策进行分析。

（6）赛前心理准备工作

做好赛前激活水平的最佳控制；对赛前的各种不良心理状态进行合理调控，如过度兴奋、盲目自信、赛前淡漠等。这两点是赛前心理准备工作最重要的两个方面。

2. 赛中的心理控制

比赛时，各种主观和外部环境的刺激，都会对珍珠球运动员的心理稳定性造成一定的影响，良好的心理稳定性有助于运动员在珍珠球比赛中取得优异成绩。生理因素、认知因素、刺激因素对运动员的情绪和情感都会造成一定影响，其中起着关键作用的是认知因素。

（1）生理因素的影响与调控

在很大程度上，植物性神经系统的机能水平、内环境的平衡、骨骼肌的紧张度，以及疲劳、伤病等因素都会对情绪产生影响。而心理调节手段是对生理内部的刺激压力进行控制的有力手段。

（2）刺激因素的影响与调控

观众反应、比赛环境、气候条件等因素，会直接或间接地通过感官刺激珍珠球运动员，从而影响其情绪。降低珍珠球运动员对外界刺激的感受性，使其将注意力集中在技战术的运用上，可以有效地提高运动员在比赛中的稳定性。

（3）认知因素的影响与调控

一般认知因素来自大脑的各种中枢信息，尤其表现在对过去经验的回忆上，如受失败的不良情绪影响，珍珠球运动员会在比赛时表现出焦虑和急躁。控制认知因素影响的有效方法可以进行积极的想象，从而实现抵消消极想象的目的，如语言鼓励、自我的暗示与安慰等。

3. 赛后的心理调整

比赛结果会使珍珠球运动员产生积极或消极的心理活动。所以，教练员需要帮助运动员分析赛后的心理状态，并采取相应的措施加以调整，将消极因素转化为积极因素。赛后安排积极性的休息，为不同状态的运动员提供心理咨询，使其端正态度，帮助其分析成败的经验教训。化解消极因素，鼓励积极情绪，是比赛后进行心理调节的主要方面。

二、心理素质训练的方法

(一) 集中注意力训练

珍珠球运动员集中注意力的目标是约束、强制自己全神贯注于一个明确的目标,不因杂念而分散注意力。注意力集中的能力包括四个方面:意愿的强度、意愿的延续性、注意力的集中强度和集中的延续性。培养集中注意力的方法如下:

①锻炼集中注意力的能力,采取意守某一点的气功练习,或视觉、听觉守点的练习。

②在珍珠球训练过程中将感觉专注于某一点,并达到忘我的情境,有利于培养日常练习与比赛中专注的能力。

③听技战术要领、观看技战术后,进行复述练习,养成珍珠球运动训练中集中注意力的习惯。

④教练员用提示语、警示语培养队员集中注意力的习惯。

⑤日常训练中注意排除各种心理干扰因素的影响,避免练习中的情绪波动。

(二) 自我暗示训练

自我暗示的主要目的是通过有效的自我暗示、自我诱导、自我放松实现心理训练。自我暗示依靠意念与语言对自己的行动进行控制和约束,以调整情绪,排除不安、焦虑和烦恼等不良心理影响,坚定信念,增强意志力。

(三) 放松练习

放松练习通过意念和呼吸使全身肌肉得到充分放松。放松练习能够达到"外松内静"的效果,对于珍珠球运动员的身心有很好的放松作用,可以使肌肉得到充分的放松,使心绪平静,使大脑皮层的兴奋度降低,从而克服紧张或烦躁不安的情绪。

(四) 念动训练

念动训练,又被称作动作表象训练,指运动员有意识、有次序地在脑中重复再现原已成形的运动动作表象。运动员在比赛前进行技术或战术配合时的表象体验,可以有效地动员运动器官,进而使运动员较好地完成技术动作与战术行动。

(五) 心理反馈训练

心理反馈训练，指通过专门的仪器，通过声光信号对自己生理功能的变化状态进行识别，并将这种状态与自身的感知觉联系起来。通过训练逐步学会根据反馈信息调整自身机能能力，以充分动员与发挥机体能力的状态。特别是通过对植物性神经系统的功能、内脏功能、心率、肌电和血压等进行调节，使情绪状态得到改善。

(六) 模拟训练

模拟训练，指尽可能将训练安排得与面临的比赛条件相似的一种实战心理训练方法。通过模拟训练，可以使珍珠球运动员在不同的比赛条件下更好地适应比赛环境，使临场达到良好的竞技水平。例如，适应对手的技战术特点，适应客场的观众偏向对手的比赛氛围等。

第四章
珍珠球比赛的技战术应用及竞赛规则

早期的珍珠球运动是根据采珍珠的传统劳动场面,为了歌颂满族人民挑战自然的无畏精神而设计的。古代珍珠球运动的部分规则无从考证,只能从一些史实文献中获取。早期珍珠球比赛的场地分为三个区域,中间区域称为"河",场地两边称为"威呼"区。比赛中,采珠人在"河"中运动,争夺珍珠球,并试图将珍珠球传递给"威呼"区中的同伴,两名装扮为"蛤蚌精"的队员试图阻止珍珠球在"河"与"威呼"区间的传递。经过演变,珍珠球比赛技战术及竞赛规则,发生了许多变化。

第一节 珍珠球比赛技战术

一、珍珠球基本技术

(一)控制球

1. 双手持球

双手持球是进攻技术之一,两手手指自然张开,两拇指相对呈八字形,两手呈半圆形,手指指向前上方(图4-1)。用指根以上部位接触球的两侧后方,手心空出置于胸腹之间(图4-2)。

图 4-1

图 4-2

2. 单手持球

单手持球要求五指自然分开，指尖用力握住球，手心空出（图 4-3、图 4-4）。

图 4-3

图 4-4

3. 双手接球

双手接球是进攻技术中最基本的接球方法，也是在比赛中运用最多的动作之一，双手接球时两眼注视来球，两臂伸出迎球（图 4-5）。当手指触球后，两臂随球后引缓冲来球的力量，两手握球于胸腹之间，保持身体平衡，做好传球、投球或突破的准备（图 4-6）。

图 4-5　　　　　　　　　　　图 4-6

4. 单手接球

单手接球时两眼注视来球单手伸出迎球，手指自然分开手指向前上方，掌心正对来球，腕、指放松（图 4-7）。当手指触球后，顺球的来势迅速收臂，单手接球（图 4-8）。

图 4-7　　　　　　　　　　　图 4-8

（二）运球

1. 高运球

高运球是进攻技术之一，以肩关节为轴，肘部自然放松，上臂带动前臂，用手指和指根及手掌的外缘，连续按拍球，手臂随球上下迎送，上体稍前倾，抬头注视场上情况，按拍球的部位不同，球的落点不同，身体的运动状态也不同（图4-9、图4-10）。高运球时球弹起的高度约与腰同高，多在没有防守或行进间运球时应用。

图4-9

图4-10

2. 变向运球

运球队员从对手右侧突破时，先向对手左侧运球，当对手向左侧移动时，运球队员突然向右侧变向，用右手按拍球的右侧上方，将球运向左脚外侧，同时右脚向左前方跨出，右肩挡住对手，接着迅速换左手按拍球的后上方，从对手右侧运球超越对手。换手时球要低、动作要快。

3. 运球转身

运球队员从对手左侧突破时，对手向左侧动堵住运球队员的路线，运球队员左脚前跨一步为中枢脚，用右手按拍球的右侧前方，接着后转身动作将球拉向身体的后侧方，然后右手换左手运球从对手的右侧突破后，加速运球超越对手。后转身要迅速，重心不要起伏，拉球有力。

（三）传球

1. 单手侧向传球

以右手为例，队员持球面对防守，将球传给身体左右方向的队友，须在单手持球的状态下，依靠手腕的内转或外翻将球传出。当将球传向身体左侧时，须手腕内转（小拇指向下），掌心向内，手臂迅速内收，屈腕拨指将球传出（图4-11）。

当将球传向身体右侧时,手腕外翻(大拇指向下),掌心向右,手臂迅速外甩,屈腕拨指将球传出(图4-12)。

图4-11

图4-12

2. 单手传球

传球时,左手将球推向右侧的同时(图4-13),右前臂迅速向传球方向伸出,手腕下压食指、中指,用力拨球将球传出(图4-14)。远距离的传球则需蹬地伸臂和腰腹协调用力,而且传球距离越远,蹬地伸臂的动作应幅度越大、速度越快。

图4-13

图4-14

(四)投球

1. 投高球

以右手为例,双脚平行或前后开立,身体重心落在两脚中心,目视抄网队员；投球时下肢蹬伸，同时依势伸腰展腹，肘上伸，前臂伸展；手腕抖动前屈以指端拨球，最后通过食指、中指柔和用力弹拨球投出；球离手后，右臂应有自然跟随动作（图4-15）。

图4-15

2. 投平直球

这是一种投向抄网队员胸部高度，近距离快速穿越封挡的投球方式，要求前臂前伸的幅度要小，动作要快，短促有力，球的飞行要平直（图4-16）。

图4-16

3. 投反弹球

这是一种通过地面反弹后投向抄网队员，近距离快速穿越封挡的投球方式，投出球的反弹高度和反弹点根据抄网队员和封挡队员所处的位置及移动的速度决定，以不被封挡队员接触到，并能够为抄网队员获得为准则（图4-17）。

图 4-17

4. 突破投球

队员跳起投球时，可根据对手防守的情况向后或左右方向跃出，避开防守的封阻，获得更好的角度，并根据持拍防守者的位置和抄网者的意图投出高吊球、平直球、反弹球（图4-18）。

图 4-18

（五）抄球

1. 持抄动作

拳握抄网手柄下端，虎口正对抄网圈沿，手柄与前臂自然形成适当的夹角，抄网网口向前（图4-19、图4-20）。

图 4-19

图 4-20

2. 正手抄球

正手抄球是进攻得分的主要手段，抄网队员眼睛目视来球，身体充分伸展，手臂持网上举，抄网正面对准来球，当球进入网口的瞬间手腕快速前屈内旋，前臂迅速内收，身体微屈保持平衡（图4-21）。当来球离身体过高、过远时，要采用跳起或侧向跨出的方式迎向来球，尽可能将球抄入网内。

图 4-21

3. 反手抄球

反手抄球是指抄网队员将处于持网手臂反侧的来球抄入网中的动作方法，抄网队员眼睛目视来球，身体转向左侧，手臂持网上举，通过前臂内旋使抄网正面对准来球，当球进入网口的瞬间手臂快速下压将球抄入网内（图4-22）。当来球离身体过高、过远时，要采用向左侧跳起或转身跨步的方式迎向来球，尽可能将球抄入网内。

图 4-22

（六）防守

1. 持板动作

拳握挡板手柄下端，虎口正对挡板边沿，手柄与前臂自然形成适当夹角，板面面向内侧前方（图4-23）。

图 4-23

2. 纵向封挡

双手各持一球拍，靠近抄网队员一侧屈臂上举，另一侧屈臂侧举；双膝微屈保持机动状态（图4-24）。来球时，蹬地跳起伸臂举拍，用双拍将球夹住或挡在体前，或用单拍将球挡在体前，并速度控制住球（图4-25）。

图 4-24

图 4-25

3. 横向封挡

双手各持球拍，靠近抄网队员一侧屈臂上举，另一侧屈臂侧举；双膝微屈保持机动状态（图4-26）。来球时，采用横向滑步或者交叉步，双脚或单脚蹬地侧向腾跃（图4-27）。同时，用单拍将球打出边线或将球挡于体前，并迅速控制住球。

图 4-26

图 4-27

（七）防投球

防投球是防守技术之一。投球是攻守矛盾的焦点，防投球的根本目的是不让对方投球得分，因此防守队员在对手接球后，首要的任务是防止对手投球。一般采用斜步防守贴近对手，挥动手臂干扰进攻队员投球的动作，同时，要用另一侧臂伸向侧方，防对手运球或传球。要准确判断对手投球意图，识别其真假动作，及时伸直手臂进行干扰，封堵其出手角度。

二、珍珠球基本战术

（一）个人战术行动

1. 有球队员个人战术行动

有球队员个人战术行动是进攻队员获得球后，根据场上的位置和防守情况采取的进攻策略。具体方法是进攻队员获得球后，如果已经摆脱防守队员并处于较有利的投球位置时，应果断地投球，如防守队员上前防守，可趁其立足未稳或结合假动作运球摆脱防守；如位置不好，可传球给处于有利位置的同伴，如没有好的机会可传球给其他同伴重新寻找进攻机会。

2. 无球队员个人战术行动

无球队员个人战术行动以有序地移动体现其战术价值，其场上移动应具有强烈的攻击性和策略性。具体方法是利用假动作或同伴的帮助摆脱防守者，抢占有利位置接球，进行个人攻击。创造机会的助攻行动可帮助同伴摆脱防守，为同伴拉开空当以利于同伴接球或者攻击。当同伴进行投球尝试时，落点区域附近的无球队员应向得分区方向移动，争取二次进攻机会。

3. 封锁区个人防守战术行动

封锁区个人防守战术行动是指处于进攻得分区前面，双手持拍的防守队员阻截进攻得分，所表现出来的意识及采取的行动。具体方法是封锁区防守队员在对手进攻过程中，始终保持高度的警惕性，随时阻截飞向得分区的球。观察球的攻向的同时，密切关注抄网队员的动向，永远在抄网队员前面保持随时起动的身体姿势。根据来球可向上或向侧起跳，必要时应快速启动侧向移动追赶来球。球拍接触球后，应尽可能夹住球或将球挡在限制区内，并迅速控制住球。如有必要，应迅速用拍将球递交给水区的同伴，使其快速反击。

（二）进攻配合

1. 传切配合

传切配合是水区进攻队员之间利用传球和切入技术所组成的简单配合。包括一传一切、空切。其要求是切入队员要根据情况掌握切入时机，果断快速地摆脱对手并接住同伴的传球。传球队员要利用瞄篮、突破、运球或假动作吸引、牵制对手，当切入队员摆脱对手并处于有利位置时，应及时准确地将球传给切入队员。

2. 居中策应配合

居中策应配合是水区中锋队员与其他进攻队员利用传球和切入技术组成的简单配合。其要求是切入队员要根据情况掌握切入时机，启动要快、交叉掩护要有质量，果断快速地摆脱对手并接住同伴的策应传球，实施进攻。接球时，应注意本方抄网队员和对方封挡队员的动向。策应队员要利用假动作吸引、牵制对手，当切入队员摆脱对手并处于有利位置时，应及时准确地将球传给切入队员。

3. 突分配合

突分配合是有球队员持球突破后主动或应变地利用传球与同伴配合的方法。其要求是有球队员突破动作要突然快速，在突破过程中要随时观察场上攻守队员行动和位置的变化，既要做好投球的准备又要及时准确地传球给同伴。其他进攻队员要掌握时机，及时跑到有利进攻的位置上接球。

4. 投抄配合

投抄配合是指抄网队员和水区队员之间配合的战术行动，应遵循以下三个原则：

①优先原则。此原则包含两个方面：一是根据规则中得分的相关规定，通常情况下应以尝试两分球为先；二是应以抄网队员的意图为先，即水区队员投球时应观察抄网队员的意图，根据抄网队员的位置和移动情况，选择适宜的投球方式、投球线路和落点。

②侧重原则。抄网队员在右手持网的正常情况下为保证抄球顺畅，大多侧重于由进攻方向的右侧发动进攻。水区配合亦应偏重右侧，做到攻右打左。

③绩效原则。为确保每一次进攻都能获得收益，可以尝试一次进攻得两分，但不能刻意为得两分造成不必要的失误，应该在保证得分的前提下追求两分。

5. 掩护配合

掩护配合是掩护队员采用合理的行动，用自己的身体挡住同伴的防守者的移动路线,使同伴借以摆脱防守,或利用同伴的身体和位置使自己摆脱防守的配合方法。

6. "8"字进攻配合

"8"字进攻配合通过运球给无球队员做掩护,或通过交叉方式打乱防守的平衡,进而逼迫防守出现漏洞。这种配合可以压缩防区、调动防守,具有很强的机动性。

(三) 防守掩护配合

1. 抢过配合

抢过配合是破坏掩护配合的积极有效的方法之一。防守者在掩护队员临近自己时,要积极向前跨出一步,贴近自己的防守对手,从掩护者前面挤过去继续防住对手。

2. 穿过配合

穿过配合是破坏掩护配合、及时防住对手的一种配合。当进攻队员进行掩护时,防守方去做掩护的队员要及时提醒同伴主动后撤一步,让同伴及时从自己和掩护队员之间穿过,以便继续防住各自的对手。

3. 交换防守

交换防守是为了破坏进攻队员的掩护配合,防守队员之间及时相互呼应、交换防守对手的一种配合方法。

4. 封挡配合

封挡配合指封锁区两名持拍队员之间的战术行动,封挡配合应遵循以下四个原则:

①监控原则。两名持拍队员在抄网队员前面,尽可能保持将抄网队员置于两人中间,监视对手的行动,控制来球的路线。

②呼应原则。当抄网队员处于横向摆脱状态时,两名持拍队员应互相提示移动方向以保证监控的位置。

③联动原则。当抄网队员位置发生变化时,两名持拍队员应注意移动时的协同性并保持持拍队员之间的距离。

④效果原则。由于抄网队员和投球队员方位具有不确定性,持拍队员应根据对手的特点和习惯,采取抑制优势的策略限制对手得分。

第二节　珍珠球竞赛要求

一、珍珠球竞赛的基本要求

每场珍珠球比赛由两个队参加，每队上场 7 名队员。水区内双方各有 4 名队员负责进攻或防守。进攻者可将球向任何方向传、拍、滚、运，目的是向抄网队员投球并得分。防守者阻止对方获得球并得分。每队有 1 名持抄网的队员在得分区活动，用抄网试图抄中本方水区队员投射来的球（珍珠）。封锁区内有 2 名持球拍的防守队员，用球拍封挡、拦截由水区进攻队员向得分区投射的球，以阻止进攻队得分。比赛结束时得分多者为胜。

二、珍珠球竞赛的硬件要求

（一）比赛场地

珍珠球比赛的球场是一个长方形的坚实平面，无障碍物。场地长 28 米，宽 15 米。各场区由颜色显示，但四边必须用线条标出。场地的丈量从颜色的边缘和界线的内沿量起。场地的所有界线为白色，所有线宽 5 厘米。场地长边的界线叫边线，短边的界线叫端线。界线外至少 3 米内不得有任何障碍物（包括球队席全体人员），场地上空最低障碍物的高度为 7 米。

场地内设水区、限制区、封锁区、隔离区及得分区。各场区用颜色显示时，水区为海蓝色，限制区与隔离区为红色，封锁区与得分区为黄色。红黄两色区域也可用其他颜色，但不论什么颜色，限制区与隔离区的颜色应一致，封锁区与得分区的颜色应一致。颜色的边缘代表各场区的界线（颜色区域上也可使用线条，不带颜色）。

各场区尺寸：得分区 0.8 米×15 米，隔离区 0.4 米×15 米（如用线条，线条包括在该区域范围内），封锁区 1.0 米×15 米，限制区 0.8 米×15 米（如用线条，线条包括在该区域范围内），水区 22 米×15 米。

场地中必须画有中圈与中线，其中中圈画在球场中央，直径为 3.6 米；中线连接两边线的中点并与两端线平行。

罚球点为直径 10 厘米的白色实心圆点。罚球点的中心距端线内沿 7 米，距边线内沿 7.5 米。

得分区与隔离区之间两场区颜色的边缘（或线条）为得分线，隔离区与封锁区之间两场区颜色的边缘（或线条）为隔离线，封锁区与限制区之间两场区颜色的边缘（或线条）为封锁线，限制区与水区之间两场区颜色的边缘（或线条）为限制线。

各场区不论用颜色还是线条显示，得分线、隔离线都应向两边线外各画出 2 米长的延长虚线，虚线每段长度及间隔均为 20 厘米（图 4-28）。

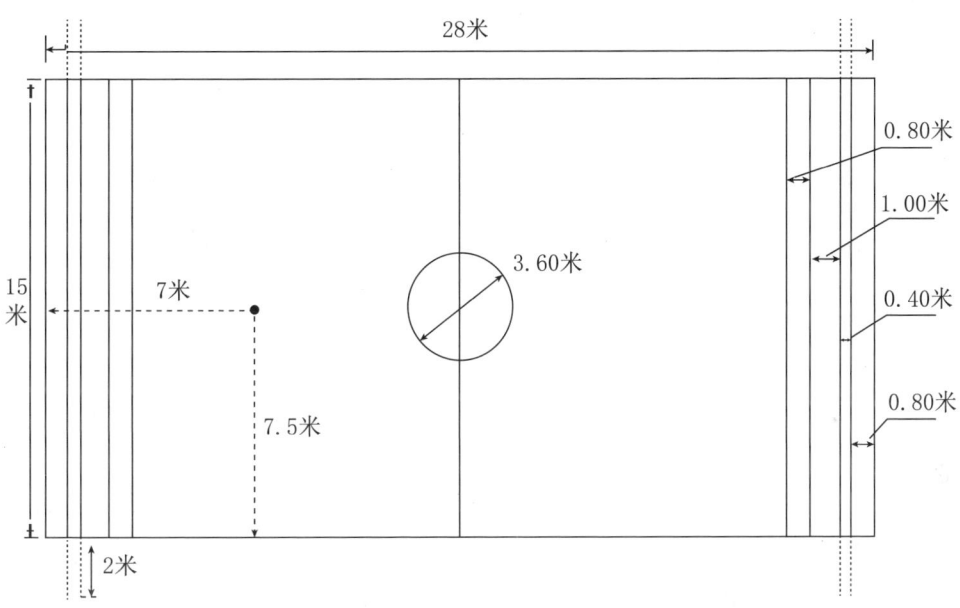

图 4-28　比赛场地示意图

(二) 比赛用球

球的外壳由皮革或橡胶制成，内装有球胆，表面应为珍珠（白）色。球的圆周长为 54~56 厘米，重量为 300~325 克。符合比赛标准的用球，当充气后从 1.8 米（球的底部量起）的高度自由落地，反弹起的高度不低于 1.2 米、不高于 1.4 米（球的顶部量起）。

(三) 球拍

球拍为蛤蚌壳形状，由具有韧性的树脂材料制成，颜色与蛤蚌壳颜色相仿。

球拍总长 50 厘米，重量为 390~410 克。球拍部分长 35 厘米，最宽部分为 25 厘米，厚度为 0.3~0.5 厘米。球拍边缘要用橡胶或软质材料包裹，宽度不超过 0.4 厘米，厚度不超过 0.2 厘米。拍柄为椭圆柱形，长 15 厘米，最大直径为 4 厘米。

（四）抄网

抄网兜口为圆形，网圈用圆形金属条制成。圈条直径为 0.4~0.6 厘米，兜口内径为 25 厘米。网兜用细绳或尼龙绳织成，网深 30~35 厘米，网眼为 3~3.5 厘米。网兜颜色应为深色。网柄为圆柱形，长 15 厘米，直径为 3~4 厘米。抄网重量为 180~300 克（图 4-29）。

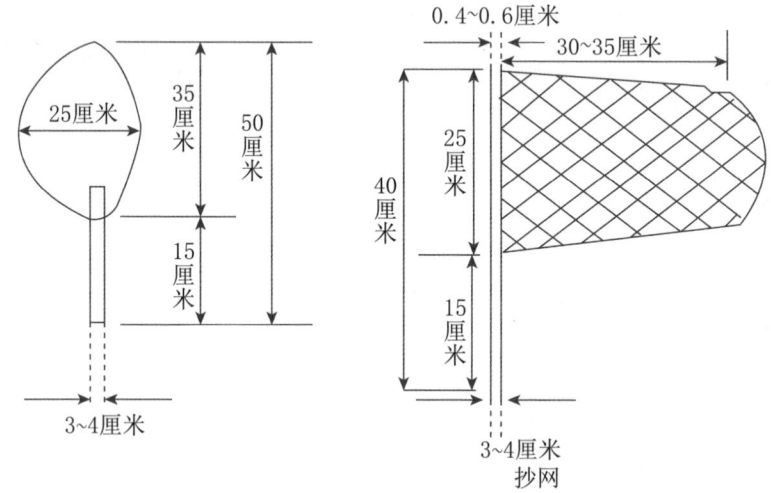

图 4-29　珍珠球比赛器材

（五）专用器材

1. 比赛计时钟和计秒表

比赛计时钟用于比赛时间计时，计秒表用于暂停计时。

2. 25 秒装置

具备数字倒计数型、用秒来指示时间，以及从停住的时间处继续计时的功能。

3. 信号

至少要有两种信号，一种是计时员、记录员所用信号，另一种是 25 秒计时员所用信号。

4. 记分牌

能让与比赛有关的每一个人看清楚。

5. 记录表

使用珍珠球比赛特定的记录表。

6. 队员犯规次数标志牌

标志牌共 5 块，牌上数字的最大尺寸为高 20 厘米、宽 10 厘米。1~4 数字为黑色，5 为红色。

7. 全队犯规标志

犯规标志两个，最小尺寸为高 30 厘米、宽 20 厘米，红色。

三、珍珠球竞赛的人员要求

（一）球队

每个队由 1 名教练员、1 名领队、1 名工作人员和不超过 14 名的球员组成，其中 1 名合格参赛的球员是队长。

（二）队员和替补队员

当球队成员在场上、有资格参加比赛时即为队员，当球队成员没在场上参加比赛或虽在场上但没有资格参加比赛时为替补队员。当某替补队员被合法替换上场时即为队员，当某队员被合法替换下场时即为替补队员。迟到的替补队员可以参加比赛，只要他是已登记的该队球员之一。

队员上场比赛必须穿着款式、颜色一致的长、短袖上衣或背心与短裤，上衣或背心可与短裤的颜色一致。禁止穿白色的比赛服。球队至少有两套服装，一套浅色，一套深色。所有队员（男女）必须把上衣或背心塞进短裤内。此外，上衣或背心的前后必须有明显的号码。号码应是 3~16 号，同队队员不得使用重复的号码。胸前号码至少高 10 厘米，背后号码至少高 20 厘米，笔画宽 2 厘米。

(三) 队长的职责和权力

队长在场上代表球队，必要时可以为获得必要的情况向裁判员提出请求，但必须要有礼貌，而且只能在球成死球并比赛计时钟停止时。队长因任一正当原因离开球场时，教练员要把代理他当队长的队员号码通知裁判员。队长可以在教练员不在场时担任教练员。在规则没有限定罚球队员的情况下，由队长指定罚球队员。

(四) 教练员的职责和权力

①在赛前核实确认已登记的本队队员、队长的姓名和号码，并在记录表上签字。同时，指明开始上场的 7 名队名。

②只有教练员有权请求暂停。暂停时教练员可在球队席区域对队员进行指导；比赛进行中教练员也可站在球队席区域内指导本队的场上队员，但不能妨碍比赛和干扰裁判工作。

③替换队员时，教练员要让替补队员向记录员报告替换请求，并立即做好上场比赛的准备。

④如果没有教练员或教练员不能继续工作，队长可以担任教练员。如队长因任何原因不能担任教练员时，则替代他任队长的队员替代他当教练员。

⑤教练员是参赛队在比赛中唯一可与记录台人员联系的人。必要时可在计时钟停止、球成死球时询问比分、时间、犯规次数等事宜。但必须有礼貌，绝不能干扰比赛正常进行。

⑥若教练员已指定某队员在开始比赛时上场，但该队员受伤，须经主裁判员确认受伤，才可以替换队员。

⑦教练员确认开始上场的 7 名队员后，如果比赛开始前或比赛开始后不久发现其中一名队员不是确认的 7 名队员之一，该队员必须由原定开始上场的队员替换，对该队不做处罚。

第三节　珍珠球竞赛规则

一、珍珠球竞赛的时间规则

（一）比赛时间

比赛分上、下两个半时，每半时 15 分钟，两半时中间休息 10 分钟。

（二）得分相等和决胜期

如果下半时终了时得分相等，要延长 3 分钟作为决胜期继续比赛。必要时可多次延长 3 分钟，直到分出胜负为止。决胜期是下半时的继续。在所有决胜期中，球队按下半时的进攻方向进攻，全队累计犯规及罚则延续到每一决胜期。第一个决胜期前，主裁判员要召集双方队长，抛币选择发球权。之后每打一个决胜期，双方互换一次发球权。下半时与第一个决胜期之间休息 2 分钟。之后的每个决胜期之间只交换发球权、不休息，由主裁判员主持在中圈发球继续比赛。

（三）操纵比赛计时钟

1. 活球开动比赛计时钟

①每半时和每一决胜期开始中圈发球，当裁判员鸣哨时。
②跳球时球被跳球队员合法拍击时。
③球投（抄）中裁判员鸣笛违例、犯规不究或点球后不论罚中与否继续比赛，球接触水区队员时。
④掷界外球，球接触水区队员时。

2. 死球停止比赛计时钟

球被抄入网内得分时，只在下半时的最后 2 分钟和所有的决胜期停表。

（四）球的状态

1. 球成活球

①每半时和每一决胜期开始中圈发球，当裁判员鸣哨时。

②因任何原因造成中圈跳球，裁判员将球抛起时。
③罚点球，裁判员鸣哨时。
④掷界外球，掷球队员可处理球时。
⑤抄球入网得分后，持网队员将抄入网中的球就近放在封锁区内，或将球传给封锁区的持拍队员，持拍队员可处理球时。

2. 球成死球

①持网队员抄球入网得分时。
②发生违例时。
③发生犯规时。
④活球期间因任何原因裁判员鸣哨时。
⑤每半时和每一决胜期时间终了时。

3. 例外情况

投球队员投球时防守队员犯规，裁判员鸣哨后，投球队员继续完成投球动作；裁判员鸣哨后，投出的球已在空中；裁判员对投球队员的犯规鸣哨后，持拍队员又对持网队员犯规时。出现上述任一情况而球仍被抄入网内应判得分。如持网队员犯规抄球入网则得分无效。

（五）25秒钟规则

当队员在场上（中圈发球者例外）控制活球时，该队应在25秒内投球完成进攻。投球完成进攻是指投出的球接触到抄网，或进入抄网，或被对方持拍队员封挡在封锁区内，持网队员已不能再触球时。

即使25秒信号响时投出的球在空中，球也应立即成死球，抄球入网不能得分，须按进攻队违例处理，罚则是失去球权。

25秒遇死球停表，但只有在发生违例、犯规后，赛队才能获得一个新的25秒周期。如果球出界并由原控制球队掷界外球，该队队员在场上重新获得控制一个活球时，25秒应从比赛中断时连续计算。

（六）登记暂停

每队每半时2次暂停，每一决胜期1次暂停。暂停时间为完整的1分钟并且必须登记，某半时没用的暂停不能挪在另一半时或决胜期使用。

记录员要在死球并比赛计时钟停止时或发生犯规、裁判员向记录员报告犯规结束时发出暂停信号。如果裁判员已进入中圈准备跳球、掷界外球，队员和罚点球队员可处理球时，记录员则不能再发出暂停信号。

如果在死球和比赛计时钟停止前，双方都提出暂停请求，记录员要给先提出暂停请求的教练员登记暂停。

一个队请求的要登记的暂停可以撤销，但只能在记录员向裁判员发出暂停信号前提出。

暂停期间允许队员离开比赛场地和坐到球队席上，即使球队在不满1分钟时已完成了暂停，比赛也应在暂停时间结束的信号发出后重新开始。

教练员在请求登记暂停时，须到记录员处用双手做出规定的手势，明确地提出"暂停"请求。

当裁判员鸣哨并做出暂停手势时暂停开始，当裁判员鸣哨并招呼球队回到场地时暂停结束。

二、珍珠球竞赛具体规则

（一）比赛开始

①如果某队在场上准备比赛的队员不满7名，比赛不能开始。
②比赛要在中圈发球开始。
③当主裁判员将球递交给中圈内的发球队员并吹响比赛开始的哨声时，比赛正式开始。每半时、每一决胜期都要以上述同样的程序进行。
④所有比赛的下半时双方要互换场区和发球权，决胜期双方只互换发球权不互换场区。
⑤至少在比赛开始前10分钟，由主裁判员召集双方队长，用抛币的方法选择发球权或场区，抛中的一方优先选择发球权或场区，如优先选择发球权，对方则有权选择场区；如优先选择场区，则对方获得发球权。

（二）中圈发球

抛币获得发球权的队由一名水区队员持球站在中圈本方场区的半圆内，主裁判员鸣哨示意比赛开始后，5秒钟内将球传给中圈外的水区队员。球出手后，发球队员在球出中圈前或球触及其他水区队员之前不得触球。

发球前，除发球队员，双方水区队员要站在中线后的水区内。球出中圈前，双方任何队员都不得进入中圈或将身体的任何部位超越中圈线的垂直面（圆柱体），脚不能触及中线或身体的任何部位不能接触中线前的地面，也不得触及中圈内的球。

违反以上规则为违例。

（三）打珍珠球

①珍珠球是用手和器械（拍、网）综合进行比赛的运动。
②带球跑、故意踢球或用拳击球是违例，其中踢球即用腿或脚去拦阻球。
③脚或腿偶然地接触或触及球不是违例。

（四）控制球

①队员控制球：当队员拿着或运着一个活球或在掷界外球和罚点球的情况下，掷界外球和罚点球的队员可处理球。
②球队控制球：该队的队员控制球或球在同队队员之间传递。
③直到下列情况之前均为该队继续控制球：对方队员控制球、球成死球、投球或罚点球中球不再接触投球队员的手。

（五）投球动作

队员单手或双手持球，使用臂、手的投、射、抛、甩等各种动作将球经空中或拍网区域的地面掷向得分区的持网队员为投球动作。投球动作开始于投球手臂的连续动作。

如果队员在行进间腾起空中投球，投球动作开始于起跳的瞬间及投球手臂的连续动作开始之后。但如起跳后将原本想投球的球传给了同伴，此动作则不算投球动作。

队员投球动作通常先于球出手。根据裁判员的判断，队员将球投、射、抛、甩向得分区的持网队员，已经开始得分尝试时即为投球动作开始。球离开队员的手不是本质，因为队员的手臂可能被抓住，致使该队员不能投，但仍然可以尝试，直至球离开该队员的手。

根据裁判员的判断，一个正在做投球动作的队员被确认为犯规，必须发生在该队员投球手臂的连续动作已经开始之后（须包括手臂和身体的动作）。如果投球入网,即使是在鸣哨后球才离开投球队员的手,也要计得分。这个规定不适用于每半时、决胜期终了和当 25 秒信号响时。

(六) 抄(投)球入网、得分与分值及继续比赛

比赛中,持网队员在得分区内按规则将水区投射来的或防守队员未挡住的活球抄入网内,由裁判员认定为得分。

持网队员抄采的球还必须符合下列限定:

①整个球体越过得分线的垂直面,处在得分区的空间或地面上。

②整个球体在空中越过得分线及其延长虚线的垂直面,落在得分区边、端线以外及地面之前。

③投射到拍网区域(封锁区、隔离区与得分区)地面上的反弹球,弹起后整个球体越过得分线的垂直面,落在得分区边、端线以外及地面之前。

抄(投)球入网内,必须在球入网后,有一个相对稳定的停止时间,在裁判员认定为得分后,球才可出网。如果球已经抄(投)入网内,但瞬间被甩出或弹出则不能算得分。

抄球(含点球)时,持网队员身体的任何部位(含器械)不得在球入网前、球入网的同时或球入网后触及得分线,边、端线及其以外的地面。即使在得分区内将球抄入网中,但随后其身体不能稳定在得分区内,在裁判员认定得分前身体的任何部位(含器械)触及得分线,边、端线及其以外的地面不能得分。

持网队员可在得分区内原地或运动中抄球(含点球),抄球(含点球)入网后身体必须停留在得分区内。抄中以上规则(六)①和(六)②限定的或任何经拍网队员身体(含器械)挡碰的球为 1 分。抄中本规则(六)③限定的或不经拍网队员身体(含器械)挡碰的球为 2 分。球可能多次接触地面或在得分区地面上滚动或停留在得分区地面上,只要符合 1 分或 2 分的限定,抄中仍以所限定的分值认定。

腾空抄球(含点球)入网后身体落地的同时不得:

①身体落在场外或身体的任何部位同时接触场内场外地面。

②器械接触了得分区边、端线以外的地面。

③球从网中弹出或甩出。

违反以上规则为违例,不能判给得分。

抄(投)球入网并经裁判员认定为得分后,持网队员应尽快将球交给对方

持拍队员或将球放在就近的封锁区内,由对方持拍队员发球继续比赛。持拍队员得球后或已处理球后必须在 5 秒钟内用球拍将球抛传给水区或限制区内同队的水区队员。点球罚中后以同样的方式继续比赛(技术犯规、违反体育道德的犯规除外)。

(七)争球

双方各一名队员或多名队员同时紧握球,双方均不能获得球、同时使球出界时应判争球。由双方任一队员在中圈跳球继续比赛。

(八)跳球

当宣判了争球或出现双方犯规的有关罚则时,比赛须在中圈以跳球继续开始。裁判员在双方各一名水区跳球队员之间将球抛起,跳球即开始。

跳球时,两名跳球队员的脚要站在本队场区的半圆内,一只脚靠近两人之间线的中心。球到达最高点后必须被一名或双方跳球队员合法拍击,跳球才合法。每个跳球队员可以拍击两次,如双方跳球队员都没有拍着球则应重新跳球。在球被合法拍击前,任一跳球队员都不得离开他的位置,也不能在球触及非跳球队员、地面前将球抓住。

双方另三名水区队员可以在水区内的任何一点站位,从跳球开始至拍击前不得移动,不得使身体的任何部分在中圈线(圆柱体)上或超越中圈线(圆柱体)。

违反以上规则为违例。

(九)掷界外球

当球出界、违例、犯规后,不罚点球或罚点球后还有球权时,由获得球权的队在距违例、犯规地点最近的边线外(罚点球后还有球权,在距罚球点最近的边线外)掷界外球继续比赛,球在端线或得分区、封锁区的边线出界后,或违例、犯规发生在封锁区、得分区时,掷界外球的地点要在就近的限制线终端的边线外。

裁判员必须将球递交、传给掷界外球的队员或将球置于该队员可处理处。

掷界外球的队员在球离手前不得从裁判员指定的地点沿边线移动超过正常的一步,但可沿垂直界线的方向后退。

掷界外球的队员不得违反下列规定:

①球出手后，在球未触及另一队员前在场内再次触球。
②球离手前或离手同时踏及场地。
③球离手的时间超过 5 秒。
④球离手后，在球接触场上队员前球触及界外地面和物体。
⑤球离手后，在球触及另一水区队员前直接投入网内。

在球掷过界线前，场上任何队员都不能使身体的任何部分越过界线。

当界外障碍物距界线不足 3 米时，掷界外球的对方队员必须退到掷球地点界线的 1 米以后的场区内。

违反以上规定为违例。

（十）替换与程序

水区队员与持拍队员可以在比赛中进行互换。此互换程序只能在对方抄（投）中得分后，持拍队员将球发至水区的时间内，在限制区与封锁区内完成。

替补队员上场时应在死球并比赛计时钟停止时进行替换。替补队员有权请求替换，须到记录员处用手做出规定的手势请求"替换"，同时应立即做好上场准备，在界外等待。一旦有替换机会，记录员即发出信号，由裁判员招手示意替补队员进场。替换应尽快完成。

暂停期间替换时，替补队员在进场前须向记录员报告。水区队员和持拍队员只有在暂停期间可以与持网队员互换。互换前，互换队员必须向记录员报告，记录员通知裁判员后再进行互换，互换后的持网队员必须符合规定。

在一个死球并比赛计时钟停止期间，一个队员不能被换下又被换上，或一个替补队员被换上又被换下。替换罚点球的队员必须在罚中后才允许替换，如罚点球队员因受伤而不能进行时，要由替换他的队员罚点球。

（十一）限制区规则

进攻队员不得进入前场的限制区内进攻，防守队员不得进入后场的限制区行防守。原地站立或起跳前不得触及限制线及限制区内的地面。跳起投球或防投球落地时可以触及限制线及限制区的地面，但必须立即退到水区，不得穿越限制区、封锁区及得分区。

进攻队员不可以进入后场的限制区接本方持拍队员传出的球，只能在水区内接球。

违反以上规则为违例。

如发生违例时进攻队员正在投球：

①进攻队员违例，不论投（抄）中与否，不判给得分，按违例的罚则处理。

②防守队员违例，如投（抄）中判得分，违例不究；如未投（抄）中，按违例的罚则处理。

（十二）比赛中断

因天气或其他特殊原因使比赛不能继续进行而造成的比赛中断，比赛中断前消耗的时间和比分均有效。恢复或改期比赛时，比赛应从原中断处重新开始。

主裁判员应在记录表上注明比赛中断时已消耗的时间、中断时的比分及当时球的状态。

因某队对裁判员的判罚不满而引起的比赛中断，在裁判员宣判完并通知比赛继续进行后5分钟，该队还不能恢复比赛或拒绝比赛，即视为该队罢赛，判该队弃权。同时，取消该队比赛资格和比赛成绩，给予竞赛的纪律处分。

（十三）弃权或因缺少队员告负

比赛开始时某队拒绝比赛，或超过比赛开始时间10分钟球队未出场，或能上场的队员不足7名，即判为该队弃权。弃权队要在名次排列中记入0分，在名次排列中列最后。对方以5∶0的比分获胜。

比赛进行中某队场上队员不足4人时（其中至少有一名持拍队员、一名持网队员），即判该队以缺少队员告负。如当时对方得分领先，即以比赛停止时的比分作为结局；如当时对方队得分落后，则记录对方队以2∶0的比分获胜。因缺少队员告负的队要在名次排列中记入1分。

（十四）半时、决胜期或一场比赛结束

表示比赛时间终了的计时员的信号响起，即某半时、决胜期或一场比赛结束。在比赛结束的信号发出的同时，即使投出去的球在空中，也立即成死球，比赛（某半时或决胜期）结束，球入网不算得分。如果在比赛结束的信号发出的同时，裁判员鸣哨宣判了犯规，球在比赛结束的信号发出后入网，仍不算得分，但犯规必须判罚，如需罚点球则必须执行。

(十五) 抗议

某队对比赛有异议时，可以在比赛结束后提出抗议。队长要在记录表上注明并签字。该队必须在比赛结束后一小时内向仲裁委员会提交书面抗议材料，同时缴纳申诉费。仲裁委员会根据仲裁工作程序，对抗议情况进行调查和审理。如胜诉，申诉费退回。仲裁委员会的裁决为终审裁决。

三、珍珠球竞赛的队员规则

(一) 水区队员通则

1. 运球

水区队员在场上控制一个活球后可在水区内向任何方向运球，将球掷、拍或滚在地面上，并在球触及另一队员之前再触及球，此为运球开始。运球过程中必须使球与地面接触，运球的手不和球接触时，运球队员走或跑的步数不受限制。用双手同时触及球或使球在一手或两手中停留的瞬间运球即结束。运球结束后不能再运球，除非失去了对球的控制。失去对球的控制是指投球、球被对方队员拍击、传球或漏接后，球触及了另一队员或被另一队员触及。

下列情况不算运球：

①在运球开始或结束时，队员偶然地失掉球，然后恢复控制球（漏接）。

②与附近的其他队员抢球中挑拍以图获得控制球。

③拍击另一队员控制的球。

④拦截传球并获得该球。

⑤只要不出现带球走违例，允许球在触及地面前在手中抛接和停留。

违反以上规则为违例（队员在场上没有控制活球就没有这条规则的违例）。

2. 带球走

持活球的队员可以用同一只脚向任何方向踏出一次或数次（跨步或旋转），但另一只脚为中枢脚，不能离开与地面的接触点。队员在持活球进行跨步旋转时必须要有中枢脚。

确定中枢脚：

①队员双脚着地接到球可以用任何一脚作中枢脚。一脚抬起的同时，另一脚

即成为中枢脚。

②队员在移动或运球中接到球。

● 接球时一脚先触及地面,另一脚后触及地面,则先触及地面的那只脚为中枢脚。

● 接球时一脚正触及地面,然后可以跳起这只脚并双脚同时着地,则两只脚都不是中枢脚。

● 双脚离地接球然后同时着地,则任何一脚都可以作中枢脚。一脚抬起的同时,另一脚就成为中枢脚。

● 双脚离地接球然后两脚分先后着地,则先着地的脚是中枢脚。

● 双脚离地接球然后一脚着地,可以再跳起这只脚并双脚同时着地,则两只脚都不是中枢脚。

③持球移动。

确定了中枢脚后,在传球和投球中,中枢脚可以抬起,但在球离手前不可以落回地面。

运球开始时,在球离手前中枢脚不可以抬起。

当停步后两只脚都不是中枢脚时,在传球或投球中一脚或双脚都可以抬起,但在球离手前不可以落回地面。运球开始时,在球离手前两只脚都不可以抬起。

违反以上规则为违例(队员在场上没有控制活球就没有这条规则的违例)。

3. 被严密防守的水区队员

被严密防守(在正常的一步之内)的水区持球队员要在5秒内传、投、滚或运球。

违反以上规则为违例。

4. 队员出界与球出界

当队员身体的任何部分接触界线,或界线外的地面,或界线外的任何物体时,即为队员出界。

当球触及界线、界线外的地面,或界线外的任何物体,或界线外的队员或其他人员时为球出界。

在球出界前最后触及球或被球触及的队员是使球出界的队员。

如果球出界是由于触及了界线上或界线外的队员,或被其所触及,是该队员使球出界。

违反以上规则为违例。

(二) 封锁区、得分区队员通则

1. 封锁区队员行为准则

封锁区队员即持拍队员，比赛双方各有两名。

两名持拍队员双手各持一拍，可在封锁区内用球拍封挡、夹接、按压、挑拨由水区队员投射来的球或其他形式的来球，以阻截球，达到防守目的。

持拍队员身体的基本姿势应正对或侧对水区（不允许面对持网队员），转身或移动的过程中也不许将身体的正面朝向持网队员。

封锁区地面是持拍队员身体及器械可接触的区域。

2. 持拍队员规定

①持拍队员不得用手、臂及膝以下部位主动触球。

②获球后或将球封挡在封锁区内后，应在 5 秒内将球用球拍抛传给限制区或水区内的同队水区队员。

③原地或跳起封挡球时，身体的任何部位（含器械）不得接触封锁区以外的地面，可以在封锁区内起跳封挡飞越边线上空及边线垂直面外的球后落到边线外，但不得在身体和器械落在场外地面的同时触球，且跳向边线外封挡球时仍受两条延长虚线的限制。可以在封锁区用球拍触及处于限制区内和隔离区内的球，但不得在落地时触及隔离区地面或落入隔离区内。如落地时踏及封锁线或进入限制区应迅速返回封锁区。

④隔离区与得分区之间的界线（得分线）被看作是立体的。防守时持拍队员身体的任何部位（含器械）不得越过得分线的垂直面进入得分区空间或触及得分区的地面，更不能进入得分区触及得分区内的球或与持网队员发生身体（含器械）接触。

⑤罚则。

● 违反以上①②③款为违例。对方如抄（投）中，判给得分，违例不究；如对方没有抄（投）中，按违例的罚则处理。

● 违反④款为技术犯规，对方抄（投）中，判给得 1 分或 2 分，再判给一次球权；对方未抄（投）中，判给对方一次点球和一次球权。

注：远离球与持网队员、无意进入得分区空间或触及得分区的地面可视为偶

然；接触到球、直接影响到持网队员的抄球或直接破坏持网队员可能抄中的球时，则必须判罚技术犯规。

3. 得分区队员行为准则

得分区队员即持网队员，比赛双方各一名。

持网队员手持一个抄网，可在得分区内抄采从水区投射来的或防守队员未挡住的球，球合法抄入网后按规则判给得 1 分或 2 分。

得分区地面是持网队员身体及器械可接触的区域。持网队员地面及空间的抄球行为须遵守规定。

4. 持网队员规定

①持网队员身高的限制：女队员身高不得超过 1.90 米，男队员身高不得超过 1.95 米。违反此款按弃权处理。

②持网队员不得用手（持网手除外）、臂及膝以下部位主动触球。在得分区内，如不能一次抄球入网，可用抄网的任何部位（含持网的手）连续触球，以控制球并抄入网内。

③得分区与隔离区之间的界线（得分线）被看作是立体的。持网队员身体的任何部位（含器械）不得触及隔离区地面，不得越过得分线的垂直面进入隔离区空间，不得触及处在隔离区内的球。在得分区抄采整个球体越过得分线的垂直面进入得分区的球时，只有在不与对方持拍队员发生身体（含器械）接触的情况下，允许抄网的部分兜口和网兜越过得分线的垂直面。

④持网队员可以在得分区内抄采飞越边、端线上空及边、端线垂直面的球。但向边线外抄球时，球的位置仍受得分线延长虚线的限制。

⑤持网队员身体及器械的任何部位不得越过得分线的垂直面与对方持拍队员发生身体及器械接触。

⑥罚则。

● 违反②③④款为违例。不论抄中与否不判给得分，按违例的罚则处理。

● 违反⑤款为犯规。不论抄中与否不判给得分，判给对方一次点球，按点球的罚则处理。

四、珍珠球裁判规则

(一) 违例、犯规与罚则

1. 违例

违例是违反规则。罚则是发生违例的队失去球权。将球判给对方队员在距违例地点最近的边线外掷界外球继续比赛。罚点球时违例由对方队员在罚球点最近的边线外掷界外球继续比赛。封锁区、得分区违例由对方队员在违例地点就近的限制线终端的边线外掷界外球继续比赛。

2. 犯规

犯规是违反规则的行为，含有与对方队员的身体接触或违反体育道德的举止。

对犯规队员要进行登记，并按有关条款的罚则进行处理。

一名队员侵人犯规或技术犯规共达 5 次时，在得到通知后必须自动退出比赛。

（1）侵人犯规

①侵人犯规是队员不管在活球还是死球时涉及与对方队员非法接触的犯规。

②水区队员不准通过伸展手、臂、肘、肩、髋、腿、膝或脚，或将身体弯曲成"反常的"姿势来拉、阻挡、推、撞、绊对方队员以阻碍其行进；也不准放纵任何粗野或猛烈的动作。

③水区防守队员在防守时必须首先建立最初的合法防守位置，即面对对手，两脚以正常的跨立姿势着地，合法的防守位置从地面垂直伸展到其上方，可以将双臂举过头或垂直跳起。防守队员建立最初的合法防守位置，必须在占据位置前没有造成身体接触。一旦防守队员已建立最初的合法防守位置，可以通过移动来防守对手，但不得伸展臂、肩、髋或腿及通过做这些动作造成接触去阻止从身边通过的运球队员。如造成身体接触，则是防守队员犯规。但进攻的持球队员必须料到对方的防守并准备停步或改变方向。只要防守队员在持球队员面前先占据了合法的防守位置，持球队员与防守队员的身体接触发生在躯干部位，是进攻的持球队员犯规。

④水区队员在防守对方的无球队员时，必须考虑时间与距离的因素，不能特别靠近或特别快地在正在移动的对方队员的路径上占据一个位置。如果防守队员在占位时不顾时间和距离的因素并与对方无球队员发生接触，或虽然已占据了合法的防守位置，却不让对手通过而在他的路径中伸展臂、肩、髋或腿来与对手发生接触，是防守队员犯规。

⑤队员在水区以正常的姿势占据地面空间受垂直原则保护，其中占位与身体接触也受垂直原则限制。这个原则保护队员所占据的水区地面空间和上方的空间或垂直跳起时下方的空间。每位队员都有权占据没有被对方队员占据的任何水区位置，一旦队员离开了垂直位置并与已经确立了垂直位置的对方队员发生身体接触，则离开了垂直位置的队员对此接触负责。

⑥掩护是队员试图阻止同伴的防守者的防守行动，以使同伴摆脱防守的行为。掩护必须是在发生接触时掩护者双脚着地并且静止不动。不能在移动中与被掩护者发生接触，也不能在静立的被掩护者的视野之外进行掩护并与被掩护者发生接触。在静立的被掩护者的视野之外或被掩护者正在移动中进行掩护时，必须给被掩护者留出一步距离。如果在静立的被掩护者的视野之内进行掩护，只要不发生接触，掩护者可以尽量靠近对手，若与建立了合法掩护的队员发生接触则由被掩护者负责。

⑦非法用手指队员用手或臂放置在持球或不持球的对方水区队员身上并保持接触，或伸展手臂妨碍和阻挠持球或不持球的对方水区队员为犯规。如果队员确实是在抢球中附带地接触了持球队员的手，不是犯规。持球队员不能为了获得利益用手臂或肘钩住防守队员，或运球时用伸展前臂或手来阻止防守队员获得球，不能为阻止抢球或为自己和防守队员之间造成更大空间而推开防守队员。

⑧封锁区的持拍队员和得分区的持网队员不得越区与对方发生身体或器械的接触。

（2）双方犯规

双方犯规是两名对抗的队员同时发生接触的犯规。

（3）违反体育道德的犯规

①队员不顾及规则的规定在对方队员身上发生过分的接触（严重犯规）或队员有意使用危险动作与对方队员发生身体接触为违反体育道德的犯规。

②猛烈拉、打、推对方队员通常是违反体育道德的犯规。

③持拍队员进入限制区与对方水区队员发生身体（含器械）接触或猛烈接触。

④持拍队员不顾及隔离区与得分线垂直面的限制，故意将身体的任何部位（含器械）越过得分线的垂直面进入得分区与对方持网队员发生身体（含器械）接触，或持拍队员正常阻截投射球未果后，用球拍猛烈拍、打、抢、砍、砸对方持网队员与网。

⑤持网队员不顾及得分线垂直面与隔离区的限制，故意将身体的任何部位（含器械）越过得分线的垂直面进入隔离区或封锁区与对方持拍队员发生身体（含器械）接触。

⑥持网队员抄球动作明显不是向球，而是打在对方持拍队员身上。

⑦在进攻方向的后场，持拍队员和持网队员在没有攻守的情况下与对方发生身体（含器械）接触。

（4）技术犯规

比赛的正当行为要求双方球队的成员（队员、教练员、替补队员及随队人员）与裁判员及助理人员有完美和真诚的合作。比赛双方均有权做出最大的努力来获得胜利，但胜利的取得必须符合体育道德精神和良好的比赛作风，任何故意的投机取巧，以及再三违反上述的合作或规则的行为都是技术犯规。

1）队员的技术犯规

①同裁判员、记录台人员、对方队员讲话或接触时没有礼貌。

②使用可能引起冒犯或煽动观众的言语或举止。

③戏弄对方或在对方眼前摆手妨碍其视觉。

④妨碍对方快速地掷界外球，以延误比赛或以任何方式阻碍比赛的正常进行。

⑤被判犯规后，在裁判员要求举手时不正当地举手。

⑥擅自更换比赛号码。

⑦替补队员进入场地没有报告记录员，以及没有得到裁判员的招呼。

⑧离开场地去获得不正当的利益或进入不该进入的场区干扰与恐吓对方队员。

⑨持拍队员用球拍的侧面砍击球，或用力拍击球拍、抛掷球拍妨碍持网队员的正常抄球。

⑩持拍队员防守时将身体的任何部位（含器械）越过得分线垂直面进入得

分区，无论是否触球，以妨碍对方持网队员抄球（罚则见持拍队员罚则）。

⑪罚点球时，持拍队员出现规则⑩的情况。

⑫持网队员抄采持拍队员已挡在封锁区内的球或已被夹接的球。

⑬持网队员故意抛掷抄网。

2) 教练员、替补队员的技术犯规

①藐视、指责和污辱裁判员与记录台人员，妨碍比赛的正常进行。与记录台人员交涉时没有礼貌。

②离开球队席范围到场地的各处走动。

③没有得到裁判员的允许进入场地。

除上述情况外，比赛的休息时间内也可宣判技术犯规。比赛的休息时间是指比赛开始前的10分钟、两半时的时间间隔和下半时与决胜期的时间间隔。

（5）取消比赛资格的犯规（红牌）

①任何违反体育道德的犯规、技术犯规中十分恶劣的不道德的犯规，是取消比赛资格的犯规，将被出示红牌罚出场。

②教练员因本身违反体育道德的行为被登记2次技术犯规，或因球队席人员违反体育道德的行为（登记在教练员名下）而被累积登记3次技术犯规，或3次技术犯规中有1次是教练员本身的技术犯规时将被取消比赛资格。

（6）打架

因任何原因发生打架或球队的任何成员参与打架将被取消比赛资格，出示红牌罚出场。按取消比赛资格犯规的罚则和红、黄牌的规定处理。

3. 罚则

①所有的犯规均须登记。

②对没有做投球动作的水区队员犯规，由受侵犯队在犯规地点最近的边线外掷界外球继续比赛。

③每半时，一个队的队员侵人犯规、技术犯规次数累计8次后，所有以后发生的队员的侵人犯规（规则48.4除外）都要判罚一次点球，由受侵犯的队员执行。

④控制球队的队员侵人犯规，由对方队员在犯规地点最近的边线外掷界外球继续比赛。

⑤对正在投球的水区队员犯规，投（抄）中判给得1分或2分，只登记犯

规，不再处罚，按抄（投）球入网得分的规定继续比赛。投（抄）不中，判给受侵犯的队一次点球，由受侵犯的队员执行。

⑥对正在投球的水区队员犯规，球投出后，持网队员抄球时持拍队员又犯规，投（抄）中判给得1分或2分。再判给受侵犯的队一次掷球权。投（抄）不中，判给受侵犯的队一次点球和一次掷球权。点球由受侵犯队的队长指定队员执行。掷球权由受侵犯的队在罚球点最近的边线外掷界外球继续比赛。

⑦抄球（含点球）时，持网队员对持拍队员犯规，抄中不能判给得分，判给对方一次点球继续比赛。抄采后续有掷球权的点球时，持网队员犯规，抄中不能判给得分，中止点球并取消该队掷球权，判给对方一次点球继续比赛。抄网队员被判犯规时，抄中不能判给得分，如该队有后续的掷球权将被取消，由对方按罚则处理。

⑧所有比赛期间的技术犯规、违反体育道德的犯规，犯规时投（抄）中，判给得1分或2分，再判给犯规队的对方一次掷球权。犯规时投（抄）不中（持网队员犯规并抄中时不能判给得分），判给犯规队的对方一次点球和一次掷球权。点球由犯规队的对方队长指定队员或受侵犯的队员执行。掷球权由犯规队的对方在罚球点最近的边线外掷界外球继续比赛。

⑨所有的被出示红、黄牌的犯规，不论犯规时投（抄）中与否（持网队员犯规并抄中时不能判给得分），判给犯规队的对方一次点球和一次掷球权。点球由犯规队的对方队长指定队员或受侵犯的队员执行。掷球权由犯规队的对方在罚球点最近的边线外掷界外球继续比赛。

⑩罚球过程中，防守队可能出现重复的处罚点球罚则的犯规，此种情况下，随前面犯规而罚（抄）中应判给得分。即使没有罚（抄）中，也只执行后续的犯规罚则。前面犯规的罚则不再续补。

⑪比赛前和比赛休息期间的任何技术犯规，均只判罚一次点球。在每半时或决胜期中圈发球前，先由犯规队的对方队长指定队员罚一次点球，不论罚中与否（点球时持拍队员又犯规除外），点球后中圈发球开始比赛。

⑫双方犯规的罚则。

● 双方犯规的同时，有一个队控制球，由控制球的队在球中断处最近的边线外掷界外球继续比赛（25秒连续计算）。

● 双方犯规时，投（抄）中得分，按抄（投）球入网得分的规定继续比赛。

● 双方犯规时没有投（抄）中得分且双方都没有控制球，则由双方任一水区队员在中圈跳球继续比赛。

● 双方犯规与另一起犯规同时出现时，只处罚另一起犯规。

⑬特殊情况下的犯规及罚则。

在一起犯规后的同一个停止比赛计时钟期间发生多起犯规或水区犯规后持网队员又犯规时，可能出现本规则所未预见到的情况，在此情况中运用下述原则进行处理。

● 登记所有的犯规。

● 伴有合法得分时应判给得分，但持网队员抄球时如有任何犯规，抄中不能判给得分。

● 某队出现多起处罚点球罚则的犯规时，一个处罚过程最多判给一个队一次点球和一次掷球权。但罚则一经执行，一个处罚过程即已结束。

● 双方的犯规罚则相同时，相互抵消，均不处罚。由双方任一水区队员在中圈跳球继续比赛。如后续还有罚则，抵消双方所有相等的导致跳球的犯规罚则。

● 双方所有被保留的犯规罚则要按犯规发生的顺序执行。

● 除保留执行的最后罚则中的球权外，取消所有点球后的球权。

⑭红黄牌规定。

● 犯规严重者和屡犯者，将被出示黄牌。

● 防守点球时，违反规则的持拍队员将直接被出示黄牌。

● 极为严重、恶劣的违反规则或一场比赛中累积两张黄牌者，将被出示红牌罚出场，取消比赛资格。

● 被出示红、黄牌后，作为惩罚，点球时只能由未被罚的持拍队员防守。不得防守的持拍队员要站在边线外等待，点球后再进场参加比赛。

● 红牌及一场比赛累积两张黄牌罚下的队员、球队席人员不得再上场比赛，须离开比赛场地。下一场比赛将自动停赛一场。罚下的队员可由替补队员替换。在一个联赛的不同场次中累积两张黄牌后，下场比赛也将自动停赛一场。

以上罚则中点球的规则如下：

● 当宣判犯规且罚则是判给点球时，给予一个队员在罚球点上，在无争抢的情况下向抄网投球的机会。

● 只有在封锁区和得分区发生的犯规以及**技术犯规**造成的点球不限定罚球队员，其他情况下应由受到侵犯的队员执行点球。

● 如果罚球队员被请求替换，他在离场前必须执行罚球。

- 如果被指定的罚球队员因受伤或被取消比赛资格而必须离场时，替换他的队员必须执行罚球。如果没有有效的替补队员，要由队长或队长指定的队员罚球。
- 罚球队员应一脚踏在罚球点上，在球出手前，踏在罚球点上的脚必须有部分脚掌保持与罚球点的接触。身体的任何部位不得接触罚球点（向两边线）延长线前面的地面。裁判员鸣哨后必须在 5 秒内罚球出手。
- 罚球时双方其他的水区队员要站在罚球点及其（向两边线）延长线后面的场区内。离罚球队员的距离至少 1 米远。球出手前身体的任何部位不得接触罚球点及其（向两边线）延长线前面的地面。
- 罚点球时给予得分区的持网队员、封锁区的持拍队员与比赛进行中同样的行为准则与规定。持网队员违例抄（罚）中不算，持拍队员违例抄（罚）中判给得分，违例不究；抄（罚）不中，重新执行罚球。
- 所有的点球罚中得 1 分。
- 罚点球结束后按有关条款规定继续比赛。

（二）名次评定

1. 积分评定

比赛队以其胜负场次的积分排列名次，胜 1 场得 2 分，负 1 场得 1 分。积分多者名次列前。

2. 积分相等时的名次排列

①如果两队积分相等，则以两个队之间比赛的结果确定名次，其中胜者名次列前。

②如果两队以上积分相等，则以积分相等队之间在该阶段比赛的得失分率确定名次。

③如果仍有积分相等，则以积分相等队之间在该阶段所有比赛的得失分率确定名次。

（三）裁判人员及其职责

1. 裁判人员

比赛设裁判长 1 人，副裁判长 2~3 人，裁判员若干人。

每场珍珠球比赛的裁判人员包括主裁判员 1 名、副裁判员 2 名，记录员、助理记录员、计时员、25 秒计时员各 1 名。

2. 裁判人员职责

（1）裁判长职责

①全面主持整个比赛过程，安排竞赛日程和裁判人员的分工。

②依据规则精神，解决比赛过程中出现的疑难问题。

③对比赛中出现的弃权、罢赛等情况做最终判定。

（2）副裁判长职责

①协助裁判长工作，在裁判长缺席时代理裁判长职责。

②根据裁判长的安排，负责比赛工作的记录编排及后勤工作。

③比赛期间，根据裁判长的安排，负责部分比赛场地的裁判工作。

（3）主裁判员职责与权力

①检查、批准在比赛过程中使用的所有器材。

②指定正式的比赛计时钟，并确认记录台人员。

③不得允许任何队员佩戴对其他队员有危险的物品。

④每半时、每一决胜期的开始，主持中圈发球。

⑤准许更换比赛用具。

⑥最后判定抄入网中的球是否得分。对裁判员意见不一致的判罚，情况需要时，做出最终的决定。

⑦如情况需要有权停止比赛，如球队在得到通知后拒绝比赛或其行动阻碍比赛的进行，有权判定该队弃权。

⑧主裁判员有权决定规则中未明确规定的事项。

（4）裁判员职责

①有权对发生在场内场外的违反规则的行为做出宣判。在预定的比赛开始前 10 分钟行使权力直至比赛结束，比赛时间终了后，经主裁判员批准并在记录表上签字，终止裁判员和比赛的联系。

②赛前检查两队的比赛用具和服装。掌握球成活球的时机、决定何时成死球、令比赛时间停止，招呼替补队员进场、宣判违例与犯规并执行罚则。

③除判定得分必须由主裁判员最后认可，任一裁判员无权取消或质问另一名

裁判员在规则规定的职权范围内所做的宣判。

④担任一场比赛的裁判员不应与场上任一队有任何方式的联系。

⑤裁判员比赛中的服装应为：与比赛队不同颜色的有色上衣、黑色长裤、黑色袜子和黑色运动鞋。

（5）记录员、助理记录员职责

①按规则的规定使用比赛记录表。记录双方投中、罚中的分数、全队累积分数、双方犯规次数。

②某队员5次犯规或某队每半时全队犯规次数累计达8次时通知裁判员。

③按规则的规定发出暂停、替换信号。

（6）计时员职责

①按规则的规定操纵比赛计时钟。

②至少每半时比赛开始前3分钟通知球队和裁判员。

③计暂停时间并在暂停已达50秒时发出信号。

④用响亮的信号表示每半时或决胜期的时间终了。

（7）25秒计时员职责

①按25秒规则操纵25秒计时装置。

②25秒到时发出信号。

（四）裁判员手势

①得1分提示：单手伸出食指指尖向上，置于体前、肩上、眼高位置。

②得1分：（主裁判鸣笛判定时）由提示手势举至头部侧前上方。

③得2分提示：双手伸出食指指尖向上，置于体前、肩上、眼高位置。

④得2分：（主裁判鸣笛判定时）由提示手势举至头部侧前上方。

⑤五秒违例：停表手势后，五指自然张开，置于体前头部高度。

⑥得分无效：两臂体前交叉摆动。

⑦换人：两臂屈于胸前，两手伸直并交叉。

⑧比赛时间开始：单臂上举、手掌由上向侧下轻摆。

⑨暂停：一手掌平伸，另一手食指触掌心呈T形。

⑩带球跑：曲臂于胸前，握拳，两前臂交互旋转。

⑪非法运球（两次运球）：两手作上下拍击动作。

⑫侵人犯规：单臂握拳上举。

⑬推人犯规：双手模仿推人动作。

⑭非法用手犯规：以一手掌侧面轻击另一手手腕。

⑮阻挠犯规：一手抓另一手手腕。

⑯阻挡犯规：两手叉腰。

⑰撞人：一手握拳击另一手掌。

⑱技术犯规：两手掌成T形。

⑲取消比赛资格的犯规：出示红牌，一手指向场外。

⑳违反体育道德的犯规：双臂上举，一手抓另一握拳手手腕。

㉑双方犯规：头上交叉双拳。

㉒准备好了：单臂前伸、跷起拇指。

㉓争球：两臂前伸，两拇指跷起。

㉔侵区违例：一臂前平举，掌心向下；另一臂弯曲，掌心向下，前臂搭在平举的手臂上。弯曲手臂的指尖指向侵区方向。

㉕侵区技术犯规：将侵区违例的手势上举于头上。持网队员技术犯规时，可以此手势与技术犯规的手势并用。

第五章
珍珠球训练的疲劳恢复与营养补充

运动后疲劳的恢复有多种方法,其中营养补充是恢复非常有效的方法之一。营养补充包括合理饮食,特别是珍珠球训练比赛后,在膳食的搭配中要合理搭配谷物及蛋奶肉类等食品,摄取蛋白质、碳水化合物等。另外,还需要补充肌糖原、诸多维生素、微量元素、矿物质等。如果是高强度珍珠球训练比赛,还需要增加具有抗疲劳作用的特殊膳食。

第一节 珍珠球训练的疲劳与恢复

一、疲劳的表现

疲劳(Fatigue)大体上可分为肌肉疲劳、神经疲劳和内脏疲劳三类。肌肉疲劳时,肌力下降,肌肉收缩和放松速度减慢,收缩时间比正常时延长4~5倍,放松时间延长可达12倍,严重影响肌肉的快速协调动作。肌肉出现僵硬、肿胀和疼痛,可能是机械负荷使肌纤维发生细小损伤、乳酸等代谢产物的积累和水分的积蓄等多种因素引起的。神经疲劳表现为大脑皮层功能下降,如反应迟钝、判断错误、注意力不集中等。此时,大脑皮层其他部位及皮下层中枢功能亢进,膝反射发生改变,脑干及小脑功能低下,动作协调性受到破坏。内脏疲劳多表现为呼吸和心脏的疲劳,其中呼吸肌疲劳使呼吸变浅变快,气体交换能力下降;心脏疲劳时,心肌收缩力量下降,心输出量减少,心电图发生改变。此外,中枢神经系统的变化是产生疲劳的重要因素,同时各内脏器官、肌肉和血液中所发生的一系列变化也会促进疲劳的发生。因此,疲劳产生是多种因素综合作用所致。

二、恢复与再生

恢复是运动员通过适当的身体活动和适宜的补给,帮助其在生理、心理上解决大量训练和比赛所导致的身体和心理疲劳问题,帮助机体恢复。再生是通过有目的、有计划的训练,帮助运动员从沉重的训练中恢复过来,是修复和保养的过程。

(一) 肌肉放松

下面主要介绍针对深层肌肉的运动后静态拉伸和针对身体上肢、下肢、躯干等深层、浅层肌肉所使用的按摩放松手段,按照由下自上的顺序进行,以帮助运动员训练或比赛之后的机体恢复,提高机体代谢与再生能力。

拉伸的类型可广义地分为主动拉伸、被动拉伸或辅助拉伸。有的分类更细化,根据动作特征可分为弹性拉伸、动态拉伸、静态拉伸。通过执行定期的拉伸训练计划,可获得多种慢性训练的好处,如改善柔韧性、活力(肌内的力)和肌肉力量(获益程度取决于在肌内上施加多大压力),减少肌肉疼痛,改善肌肉和关节的灵活性,促使肌肉运动更高效、更具流畅性,能通过更大的运动范围发挥最大力量,预防一些下肢问题,改善外貌和自我形象,改善体形和身姿,在运动中执行更有效的热身和舒缓运动,改善血糖的保持能力。

本部分主要介绍珍珠球运动员常用的两种肌肉放松手段:静态拉伸和按摩。

1. 静态拉伸

静态拉伸指需要拉伸的肌肉缓慢地拉长(抑制牵张反射的激发)并保持在一个舒服的范围15~30秒。当拉伸保持在某一位置一段时间后,肌肉被拉伸的感觉减小,拉伸者可轻柔地将肢体移向更大的拉伸位置并保持住。静态拉伸既可以是主动的,也可以是被动的。运动后静态拉伸能减少肌肉的紧张反应。从肌电图中可以看出,拉伸能有效减少肌肉紧张的肌电讯号,减轻肌肉的疼痛感;拉伸还能加快微循环,从而减轻肌肉纤维间的肿胀,有效缓解肌肉的延迟性酸痛。此外,拉伸能减少局部疼痛神经讯号的产生和传递,是减少肌肉疼痛感的原因之一。

(1) 主动静态拉伸

主动静态拉伸利用自身力量或体重将肌肉顺着肌纤维的走向拉长并保持一定

的牵拉力。由于自己控制拉力的大小和位置，这种方法相对来说是安全的。当肌肉拉伸到一定的紧张度时，维持 15~30 秒，重复 2~3 次，让肌肉的长度增加而增加关节的运动的幅度。拉伸重点在于动作的开始到完成要慢，不要令肌肉感到痛楚，并配合正常呼吸。为了增加其效果，可以在呼气时进一步把肌肉拉长。主动静态拉伸时，肢体的运动幅度小、速度慢甚至不动，不易激发肌肉的牵张反射，从而引起肌肉收缩对抗拉伸。当拉伸时间和力度得到一定积累时，就会激活高尔基器使肌肉放松。主动静态拉伸不受场地限制，不需要人协助，也不需要设备，而且相对简单、易操作。有关最佳的拉伸时间，有些专家建议拉伸时长为 30 秒，甚至 60 秒，重复次数高达每个动作 6 次；有的专家则建议 10~15 秒，重复 2~3 次便足够。这些时间的长短应取决于不同人、不同肌群、不同需要及其允许的时间。运动后的全身拉伸超过 30 分钟对大多数人来说是不现实的。实践证明 15~30 秒，重复 2~3 次，耗时 20 分钟左右比较容易被大多数人接受。

（2）被动静态拉伸

被动静态拉伸是被拉伸者的肢体放松不参与发力，通常由体能教练或康复治疗师移动拉伸对象的肢体，直至达到可忍受的关节活动幅度极限为止，并保持这一姿势不动。拉伸时间为 15~30 秒，重复 2~3 次。被动静态拉伸的好处是使被拉肌肉有更佳的放松效果，可以获得更大的关节活动幅度。有经验的体能教练或康复治疗师可以非常准确和细致地拉伸到不同的肌纤维。

2. 按摩

按摩是用手法或器械作用于人体体表的特定部位以调节机体生理、病理状况，达到理疗目的的方法。运动后按摩所采用的手法、用力的大小、时间的长短，均应根据对象的体质、性别、运动项目的特点，以及运动后反映的情况决定。

（1）泡沫轴

泡沫轴自我按摩利用练习者自身重量及与泡沫轴相互作用产生的压力，施用于练习者的肌肉及筋膜等软组织上，使练习者过于紧张的肌肉及筋膜产生放松的训练方式，同时增加血液的流动和软组织循环。

（2）按摩棒

按摩棒是用于肌筋膜放松、深层组织按摩的一种器械。脊状线的设计，有利于表层和深层组织的活动；按摩棒的把手有助于扳机点的放松。采用主动或被动按摩的方式有助于改善特定区域的血液流量与循环功能，同时也有助于通过抑制疼痛传导通路，提升肌肉温度，增强肌肉延展性。

（3）按摩球

按摩球一般采用PVC材料制作，也可用网球或高尔夫球代替。按摩球练习能减少肌肉紧张，提高骨盆、大腿、小腿及特定关节的柔韧性。正确使用按摩球可以有效进行自我按摩练习或肌肉放松，提高运动按摩的效果。

（二）扳机点按摩

运动员身体肌肉扳机点与淋巴系统的按摩是进行恢复与再生的重要内容之一。

1. 扳机点

（1）扳机点的概念

扳机点亦称激痛点或者触发点，是肌肉组织内可被触知的高度敏感的纤维结节，指过度敏感的局部区域，该区域对压力异常敏感，并且会使症状转移到身体其他部位。一般认为，具有自发性压痛或对运动有反应性压痛的局限性病灶称为活动性扳机点。目前研究表明，75%的疼痛都是肌肉疼痛，几乎所有的疼痛都和触发点有关。

（2）扳机点的诊断

触发点诊断常依赖病理生理学的诊断标准。触发点常根据下列标准病史诊断：①突然发作的肌肉过用或跟随肌肉过用发作的一个短暂时期后的疼痛，以及反复和慢性过用受累肌肉而引起的肌痛；②肌肉疼痛点和痛点处可触及张力带及其上的收缩性结节；③压力和针刺触发点可引发疼痛和牵涉痛，每个肌的痛点（触发点）伴有其特征性的远处牵涉痛；④快速触诊和针刺触发点可引发局部抽搐反应；⑤肌电图上可录到触发点处的自发性电位和运动终板神经末梢的去极化的电波；⑥受累肌肉的运动和牵张范围受限及肌力稍变弱，会在睡眠不足时加重。

2. 扳机点治疗技术

（1）针刺技术

针刺扳机点，可以增加疼痛耐受阈值。

（2）按摩周围肌肉组织

确定扳机点位置后，沿整个肌束以恒定速度按摩肌肉，可以减少肌肉局部的紧绷感。

（3）冷喷雾后拉伸肌肉技术

冷喷雾后拉伸肌肉技术，建议可以作为针刺或缺血性按压的后续治疗。治疗方法为，先用冷雾喷至受累肌肉的体表，仅引起皮肤刺激的强度即可，无须过分寒冷，起到反射性张力或痉挛的作用。要求喷雾的速度在10厘米/秒之内，覆盖整个受累肌肉，喷雾与肌肉表面成30度，距离30厘米为宜。肢体从近端喷向远端，躯干从头部喷向足底。冷喷技术2~3次后，对肌肉进行被动拉伸，注意肌张力的变化，缓慢牵拉至最大长度。同时，在整个牵拉过程，可以进行冷喷，以缓解肌肉张力增高。被动牵拉要求在患者承受的范围内缓慢进行。

（4）主动训练

在以上所有治疗技术后，建议进行主动训练。

（5）PNF技术

1）收缩-放松技术

该技术适用于治疗被动活动范围明显受到限制，而在紧绷肌肉的拮抗肌上没有主动的活动时（对紧绷肌肉的放松，可以使关节活动范围增大，进而得到改善），对紧绷的肌肉做温和的、随意的、最小抗阻程度的收缩。

2）等长收缩-放松技术

治疗师牵拉受累肌肉至紧张限度，然后施加一定阻力并要求患者收缩肌肉进行抵抗。治疗师施加最大阻力的25%，维持3~7秒，然后放松肌肉，再进一步拉伸肌肉达到新的紧张限度，重复上述动作。全程注意呼吸的配合。建议活动度改善之后进行主动训练。

3）交互-抑制放松技术

交互-抑制放松技术是利用不随意的脊髓水平反射，当一块肌肉受到激活时，其拮抗的肌肉就受到反射性抑制。当需要牵拉的肌肉激痛点去活化后，使用交互抑制来增加强化松弛的肌肉，具有显著作用。

（6）扳机点按压放松术

在扳机点处逐渐施加无痛的压力，直到有组织抵抗感的屏障，然后保持该强度压力继续施压,直至抵抗感减少并消失;然后继续增加压力,到达另一屏障。这种方法可以减轻扳机点的张力压痛。治疗结束后用局部温湿方式增加肌肉血液循环。

(7) 呼吸训练

与压力、肌肉或呼吸系统创伤有关的浅呼吸会直接影响肌筋膜的功能。单纯地放松腹部肌肉,扩大胸腔的胸式呼吸,是一种错误的呼吸方式。另外,很多患者试图在运动或治疗过程中屏住呼吸,也是一种不健康的习惯。

呼吸训练方法包括以下几个方面:

①患者坐位或站立位,身体自然放松,从脊柱、肩部和胸廓的骨与肌肉,以及其他附属组织放松,腹部下沉。胸廓、腹腔和胃部放松,臀部和小腹放松。

②缓慢呼吸,使胃部和腹部肌肉随呼吸节奏而扩张;保持一会儿这样的呼吸节奏,然后在呼气时尽量降低下位胸腔。当腹腔和胸腔肌肉有收缩感时,则放松该区域肌肉。一旦发现肩部或胸部伴随呼吸起伏,则让患者集中思想,感觉腹部集中一点缓慢下降到底部。

③深深地吸气,使胸腔肌肉放松。当胸部肌肉放松时,会向腹腔的前方、后方和左右两侧扩大,身体放松。整个过程就像一个容器,先填充下半部分,然后继续填充上半部分。

④接着呼气,先排空上部气体,然后排空下部气体。身体就像气球一样缩小,按照前部、后部、左右两侧这样的顺序缩小。

⑤放松、持续地充分呼吸,需要时刻注意肩部和胸部是否伴随起伏,腹部肌肉可能会紧张,提醒患者放松。

⑥让患者站在镜子前反复练习,注意胸腔不要起伏,而是腹部的吸进。

⑦反复练习。

(8) 理疗

1) 超声波治疗

从0.5瓦/平方厘米开始,缓慢地伴随圆形运动,1~2秒为一圈,圆形的中心点为扳机点。也可采用另一种方法,先调节到疼痛阈值(可能阈值约1.5瓦/平方厘米),然后下降至一半的强度,治疗2~3分钟,再逐渐增加强度,直到强度已经达到而未超过原先的疼痛阈值。

2) 高压电直流电刺激

该形式的电刺激对直径大的运动神经更为有效。

3）经皮电刺激

用于缓解疼痛，该方法更易刺激直径小的运动神经。

(三) 水疗法

水疗自诞生发展至今，不仅在医疗康复、美容等领域广泛应用，而且被广泛地应用到放松训练、恢复训练及部分运动项目的专项训练中，并在实践中受到越来越多的关注和认可。

1. 水疗概述

水疗是指利用水的温度、水静压、浮力和水中所含的化学成分及专业设备，以不同方式作用于人体，起到防病、治病作用的一种方法。主要包括温泉浴、涡流浴、淋浴、喷射浴、盐水浴、松脂浴、矿泉浴等。水疗不仅利用了水的物理特性，如热传导效应、机械效应（浮力、压力、水流冲击等），还利用了水中可溶解多种物质的化学特性，通过对人体内部或外部加以作用，达到预防、治疗和康复的目的。

2. 运动恢复中常用的水疗方法及应用

（1）淋浴法

淋浴法是指以各种形式的水流，在一定压力下对人体进行喷射的方法。主要包括直喷浴、冷热交替浴、针状浴等。各种淋浴法的具体操作方法及适应证如下。

1）直喷浴

①操作方法：患者脱去衣物，背向或面向操作台，距操作台 2~3 米，操作人员以密集水流喷射患者的背部及四肢，以稀疏水流喷洒患者的胸腹部。操作顺序由近端到远端，操作 2~3 次。

②水温和水压：背部 35 摄氏度和 1 个大气压，四肢 25 摄氏度和 2.5 个大气压，胸腹部 28 摄氏度和 2 个大气压。

③适应证：主要适用于功能不全性麻痹、低张力表现及神经官能症等。

2）冷热交替浴

①操作方法：操作顺序先热后冷，热水温度 40~45 摄氏度，进行 15~20 分钟；冷水温度 20 摄氏度左右，进行 10~15 分钟，以此重复 2~3 次。

②适应证：主要适用于肌肉痉挛及麻痹、慢性神经根炎等症，但禁用于高血压、动脉硬化、心功能不全者。

3）针状浴

①操作方法：用2~3个大气压的针状水流进行治疗，刺激性大，应为局部喷射。

②适应证：主要适用于运动后的肌肉酸痛、神经衰弱、疲劳综合征等。

（2）气泡涡流浴法

气泡涡流浴法是综合运用温热、高压水流冲击和气泡摩擦作用的一种疗法。

①操作方法：根据患者的治疗部位，选择较近的气泡涡流浴装置，并进行检查；注入2/3容量的水，水温37~40摄氏度；打开充气和涡流开关；患者采取舒适的体位，将患肢浸入水中治疗；治疗过程中应保持水温恒定；水流强度适中，持续时间一般为10~20分钟。

②适应证：主要适用于创伤后手足脚痛、关节韧带拉伤、软组织挫伤、神经痛等症。但有各种出血倾向、身体极度衰弱、心肾功能异常的患者不应进行此疗法。

（3）超声波水疗法

超声波水疗法是以水为媒介，将超声波通过水作用于人体的治疗方法。

①操作方法：检查仪器、电源、按键和仪表；患者根据需要采取适宜体位，充分暴露治疗部位；接通电源，开始治疗，治疗时间一般根据病情而定；治疗完成，患者出浴休息；操作人员观察和询问治疗反应，并记录。

②适应证：超声波水疗法适用于腱鞘炎、疲劳性骨膜炎、肌肉痛、软组织创伤和炎症及神经系统疾病，但高热、急性炎症、有出血倾向、严重支气管扩张等人群忌用。

（4）水中运动疗法

水中运动疗法是指利用水的温度、浮力及压力的作用来进行步行，提高身体的平衡和协调能力、关节灵活性、力量和耐力，以达到治疗目的的训练。水中运动疗法一般每天进行一次，每次治疗时间为20~30分钟，一个月为一个疗程，但也应视患者情况而定，如患者体质较弱或病情较重可以采取间断性训练。

第二节 珍珠球训练的营养补充

一、珍珠球运动对营养的需求

合理均衡的营养有助于人们科学地进行体育锻炼。由于珍珠球运动要消耗大量的营养物质,因此经常参加该项体育锻炼使得青少年对于营养的需求增多,质量要求也提高了。然而,目前科学营养知识尤其是科学运动营养知识的缺乏,严重阻碍了这一目标的实现,不仅导致青少年体质下降,甚至影响其身体健康。另外,在缺乏合理营养的情况下进行体育锻炼经常导致青少年在课堂上无精打采,体力活动和学习不能二者兼顾,因此如何做到给予青少年合理的营养补充以保证其体育锻炼、紧张学习和生长发育的共同需要,成为提高青少年身体素质的重要内容。

(一) 运动营养补充的基本原则

1. 平衡膳食原则

平衡膳食是青少年营养最基本的原则,指膳食种类多样化;食物中所含的各种营养素种类齐全,数量充足,但又不会摄入过量;各种营养素之间的比例适宜;膳食所提供的营养素和热量与身体的需要量保持平衡。

每种食物当中所含的营养素和热量都是不同的,因此要想达到平衡膳食,必须全面摄入各种食物,具体方法可以参考《中国居民膳食指南(2022)》,这是指导人们平衡膳食的一个指导性意见,适合于各类人群。中国居民平衡膳食宝塔(2022)是根据《中国居民膳食指南(2022)》的准则和核心推荐,把平衡膳食原则转化为各类食物的数量和所占比例的图形化表示。从中可以看到,日常我们所吃的食物可以分为以下5类,每类食物的需要量存在一定差别。

(1) 谷薯类食物

谷类及薯类食物包括米、面、杂粮、马铃薯及甘薯等,主要提供碳水化合物、蛋白质、纤维素和B族维生素等营养素,位于平衡膳食宝塔的底端,因而是需要量最大的。在1600~2400千卡能量需要量水平的一段时间内,建议成年人每人每天摄入谷类200~300克,薯类50~100克。此外,青少年谷类及薯类食物的需要量原则上应根据运动量的大小及其消耗的热量来确定。

谷类和薯类食物是我国传统膳食的主要组成成分，但是随着人们经济水平的提高，我国青少年目前谷类和薯类食物的摄入量逐年下降，这对于青少年的健康是不利的。谷类食物在加工过程中有一些营养素会丢失，如 B 族维生素。因此，在选择谷类食物时应注意粗粮与细粮搭配，不要长期食用精米白面。

（2）蔬菜水果

蔬菜水果类食物位于平衡膳食宝塔的第二层，主要提供维生素、矿物质及膳食纤维等营养素。足量的维生素和矿物质不仅可以促进青少年生长发育，还能够增进食欲，促进消化。反之，维生素和矿物质不足不仅会阻碍青少年发育，还会引起很多疾病。另外，含丰富蔬菜和水果的膳食可以提供大量的膳食纤维，能够保护青少年的心血管健康，增强抗病能力，甚至预防某些肿瘤的发生。

蔬菜水果种类繁多，营养成分差异也很大，因此需要经常变换品种或者一次摄入多种蔬菜水果，这样才能达到营养素互补的效果。在 1600~2400 千卡能量需要量水平下，推荐成年人每人每天蔬菜摄入量至少达到 300 克，水果 200~350 克。深色蔬菜是指深绿色、深黄色、紫色、红色等有颜色的蔬菜，青少年每天深色蔬菜摄入量应占到蔬菜摄入量的 1/2 以上。水果中的维生素含量比较高，而且含有丰富的有机酸和多种酶，能够促进食欲，有助于消化，对青少年的健康大有帮助。因此，蔬菜和水果中含有的营养成分是不同的，对于青少年来说都是必需的，不能用其中的一种代替另外一种。有些青少年不喜欢吃蔬菜，认为多吃些水果就可以，这种观点是错误的。

（3）鱼、禽、肉、蛋等动物性食物

动物性食物主要提供蛋白质、脂肪、矿物质、维生素 A 和 B 族维生素等营养素。动物性食物容易消化吸收，食用价值较高。虽然我国目前仍有部分贫困地区动物性食物的摄入量满足不了青少年生长发育的需要，但是大部分城市青少年动物性食物摄入过量，这两种情况对青少年的健康都有不利影响。

禽肉、鱼肉、蛋类和瘦肉是优质蛋白质、脂溶性维生素和矿物质的良好来源，尤其水产品营养价值比较高，青少年可以适当多摄入一些，但是要注意轮换吃，不能只吃一种。一般来说，建议每天摄入畜禽肉 40~75 克，鱼、虾、蟹和贝类 40~75 克，一个鸡蛋（约 50 克）。

（4）奶类、大豆和坚果

奶或奶制品中的蛋白质属于优质蛋白质，消化吸收率都比较高，并且富含钙、磷、钾等微量元素，另外也含有部分维生素。豆及豆制品则主要提供蛋白质、脂肪、膳食纤维、矿物质及 B 族维生素等，大豆蛋白是最优质的植物蛋白质。

我国青少年对于奶及奶制品的摄入量比较少，远远低于国外青少年，这也导致我国青少年的钙摄入不足，影响骨骼和牙齿的正常发育。如果是在经济欠发达的地区，可以适当增加豆制品的摄入量，也能在一定程度上起到补充蛋白质和钙的作用。一般来说，青少年每天奶或奶制品需要量至少应达到相当于鲜奶 300 克的奶类及奶制品和相当于 25~35 克的大豆和坚果。不习惯喝鲜奶的可考虑酸奶或其他奶制品。

（5）烹调油和盐

第五层塔顶是烹调油和盐。油脂类食物主要包括各种植物油和动物油，主要作用是提供能量，植物油还可以提供维生素 E 和必需脂肪酸。油脂类食物应该控制摄入量，每天烹调油不超过 25~30 克。烹调油包括各种动植物油，要多样化，应经常更换种类，以满足人体对各种脂肪酸的需要。另外，蔗糖、食盐等也应该适当控制摄入量，不宜摄入太多，否则容易损害身体健康，食盐每天不宜超过 5 克。

2. 合理膳食制度原则

合理的膳食制度，既有利于营养素的消化吸收，也可预防由于饮食紊乱引起的消化系统疾病，增强青少年的体质。因此，要教育和引导青少年，从小养成良好的饮食习惯，形成合理的膳食制度。

（1）进餐时间和次数

青少年正处于生长发育的关键时期，机体代谢旺盛，按公斤（千克）体重计算，各种营养素和能量的需要均要高于成年人，但是青少年的身体发育还未完善，消化系统功能还比较差，因此在饮食调节上要注意这些特点。首先，应保证定时和定量进餐，这样不但能够减轻胃肠道的负担，而且容易促进胃液的分泌，帮助消化和吸收。其次，根据需要可适当增加餐次，但加餐要以不影响正餐为原则，达到既能保证营养又能调节补充膳食的目的，从而防止由于饮食和营养上的疏忽引起的一系列营养问题。

（2）一日内各餐热量的分配

一般来说，青少年一日三餐的要求是早餐吃好、午餐吃饱、晚餐吃少。早餐热量应占日总热量的 25%~30%，午餐热量应占日总热量的 40%，晚餐热量应占日总热量的 30%~35%。此外，节假日和家庭宴会都应饮食适度，不要大吃大喝。

（3）饮食要均衡

应均衡地吃多种食物，不要偏食和挑食，因为世界上没有哪一种食物可以提供人体所需要的全部营养素，应严格按照平衡膳食的原则来安排食物的选择和搭配。

（4）养成良好的饮食卫生习惯

良好的饮食卫生习惯可以促进青少年心理和身体的发育，有利于食物的消化、吸收和利用。家长要以身作则，用自己的良好饮食行为为孩子做出典范。进餐时，要为青少年创造一个轻松愉快的就餐环境，保持良好的精神状态。要细嚼慢咽，不可暴饮暴食。吃饭时不要看书和说笑，不要边看电视边吃饭，不要边走路边吃东西，不吃腐败变质的食物。合理选择零食的种类和安排吃零食的时间。注意饮食卫生，饭前要洗手，饭后应漱口。饭前饭后不宜进行剧烈运动，以免影响胃的消化功能。

3. 个体化原则

青少年合理膳食的个体化原则主要包括两个方面：一是指膳食结构和食物摄入量应与青少年的体力活动相一致；二是指膳食结构和食物摄入量应与青少年的营养状况和身体状况相一致。

不同的青少年的体力活动差别很大，因此在为其安排饮食时要考虑到个体差异。如果食物摄入量过大而体力活动较少，就会导致摄入过多的能量，从而产生肥胖。同样道理，如果食物摄入量过小而体力活动较多，就会导致摄入能量不足，身体消瘦，甚至影响正常的生长发育。青少年晚餐后一般没有太多的体力活动，因此晚餐不宜吃得过多。相反，上午和下午是青少年体力活动比较多的时候，早餐和午餐应该适当增加摄入量。另外，对于体力活动比较多的青少年来说，碳水化合物和优质蛋白质的需求量较大，应该适当增加主食类食物和动物性食物的摄入量。

不同的青少年的身体状况和营养状况不同，其膳食结构和食物摄入量也应有所区别。例如，有些青少年属于体重过高或者肥胖，那就应该适当控制食物摄入总量尤其是高脂肪的食物摄入量；有些青少年属于体重过轻，那就应该适当增加食物的摄入总量尤其是动物性食物的摄入量,促进肌肉的生长。目前,我国青少年中"小胖墩"和"豆芽菜"同时存在的现象非常普遍,因此讲究合理膳食的个体化原则很有必要。就一般的健康青少年而言,推荐的三大供能物质的供能比例为碳水化合物占55%~65%、脂肪占25%~30%、蛋白质占12%~15%。

(二) 珍珠球训练的合理膳食安排

1. 营养早餐

青少年营养早餐最基本的要求就是搭配合理,营养丰富,主要应注意以下三个方面:

一是早餐一定要吃主食。主食摄入不足,一方面会导致能量摄入减少,满足不了身体发育的需求;另一方面导致糖摄入不足,血糖降低,这直接影响大脑的能量供应,因为葡萄糖是脑细胞唯一的能量来源。因此,早餐不吃主食从短期看会影响上午的学习效率,从长期看会影响青少年的身体健康。

二是适量补充优质蛋白质。早餐贵精不贵多,选择动物性食物就应该选择一些易消化、含优质蛋白质较多的食物,如鸡蛋、牛肉、牛奶等。这能够保证优质蛋白质的摄入,又不会摄入过多脂肪。煎炸类高脂肪食物或者高脂肪肉类不适合作为早餐食用,因为摄入过多脂肪会导致消化时间延长,脑部血流量减少,上午学习时思维迟钝,学习效率不高。

三是蔬菜水果不可少。据调查,学生早餐中最缺少的就是蔬菜和水果。蔬菜和水果一般都属于碱性食物,能够中和主食、肉类、蛋类等酸性食物,避免出现血液偏酸性的情况发生,因为血液偏酸性会导致疲劳过早出现,注意力不能集中,影响学习。而且蔬菜和水果中含有大量青少年生长发育所需要的维生素和矿物质,对于青少年的健康有很大的帮助。

总的来说,早餐所提供的能量及营养素应该达到中国营养学会推荐的每日膳食供给量的25%~30%。早餐的食物种类应包括4类,即谷类、肉类、乳制品、蔬菜和水果。判断早餐质量高低的简单方法就是看是否包含上述4类食物,如果一顿早餐中上述4类食物都有,则为早餐质量好;如果食用了其中的3类,则为早餐质量较好;如果只选择了其中两类或两类以下,则为早餐质量较差。

2. 营养午餐

按照中国营养学会的推荐,午餐中所占的热量应该占到全天的40%左右,因此午餐应该是一日三餐中最丰盛的一餐。目前我国的多数青少年吃不到合格的午餐，这极大地影响了青少年的体质健康。要想很好地解决这个问题，就应该在中小学大力推行"营养午餐"。

目前我国尚没有与营养餐相关的法律出台，只是在1998年和1999年制定了《学生营养午餐营养供给量》（WS/T 100—1998）、《学生营养午餐营养供给量》（WS/T 100—1999）、《学生营养餐生产企业卫生规范》（WS/103—1999）三个标准，与食品安全相关的有《食品安全法》及《学生集体用餐卫生监督办法》（已废止）等，因此改善学生的"营养午餐"任重道远。

3. 营养晚餐

晚餐太丰盛是目前我国青少年日常饮食中存在的最大问题，其最大危害就是导致热量摄入超标，引起肥胖，甚至增加胃肠道负担，引起消化系统疾病。

按照中国营养学会的推荐，晚餐和早餐一样，其热量应该占全天总热量的30%左右。在控制食物摄入总量的前提下，可以按照平衡膳食的原则来安排晚餐，具体方法可以参照"营养午餐"的搭配。但要注意晚餐的就餐时间不能太晚，以免影响晚上的睡眠。

4. 科学加餐

随着社会经济的发展和饮食结构的变化，零食在我国青少年日常饮食中的地位日益重要，而深加工的零食易造成偏食和肥胖现象。因此，不能忽视零食提供的热量及营养素在青少年生长发育中所起到的重要作用，同时应该加强对青少年的教育，正确引导他们合理食用零食，进行科学的加餐，从而促进他们的生长发育。通过合理地吃零食，可以补充一日三餐中缺少的微量元素，让青少年享受生活，拥有健康。但是也要认识到，零食不能代替正餐，只是正餐的有益补充，而且不正确的零食消费习惯容易引起"小胖墩""营养不良"等问题。

（三）珍珠球训练可适当选用运动营养食品

对于参加珍珠球训练的青少年队员来说，在保证合理膳食的基础上可以适当选用运动营养食品，这对其生长发育具有一定的促进作用，尤其是针对一些已经出现健康问题的青少年，单纯依靠膳食营养可能满足不了其改善体质的需要。同时，科学运动对于青少年的体质改善具有不可替代的作用，但是青少年在积极参加体育锻炼的过程中，其体内物质代谢及营养消耗等都与普通青少年具有一定的差别，在合理安排营养补充时要考虑到这个因素，运动营养食品在此过程中可以发挥到比较好的作用，能够满足青少年训练时对于营养的需求。

顾名思义，运动营养食品是与运动相关的功能食品。近年来，运动营养食品发展迅速，已经风靡全球。运动营养食品是能够针对性地满足运动人体代谢和生理功能需求的、具有高营养素密度和高生物活性的食品，其合理补充可促进运动人体的健康和运动能力的提高。因此，运动营养食品在本质上属于食品，绝大多数源于日常膳食，是一些高度纯化和浓缩的营养素，这些营养素在人体内存在，是人体维持生命活动必需的营养素。

只依赖膳食为身体提供营养有很多局限性，如有些食物不容易被人体消化、吸收，高蛋白食物往往是高脂肪的，食物在烹调过程中会损失一定的营养素，仅靠膳食不能方便、及时、充分地为身体补充营养等。运动营养食品完全不受这些因素的限制，能够快捷、方便、高效地为机体提供各种营养素。

二、制订珍珠球训练营养方案的通用原则

（一）膳食营养改进的原则

①首要原则是做到平衡膳食，其中蛋白质供能要占到食物供能总量的12%~15%，脂肪供能要占到食物供能总量的25%~30%，碳水化合物供能要占到食物供能总量的55%~60%，不同专项的体育特长生在膳食上会有一些差异。

②保证足够多的主食摄入（米饭、面包、玉米等），以提供丰富的糖作为运动中最优质的燃料。

③低脂肪、易消化的含优质蛋白质较多的食物是膳食补充的首选，如鸡蛋、牛肉、鱼肉、虾肉等。

④多吃蔬菜、水果及豆、奶制品，这样能给机体带来与能量代谢相关的多种维生素及丰富的矿物质，保证机体的需要。每名青少年体育特长生每天至少应该喝500克左右的优质牛奶或酸奶。

⑤一日三餐热能分配要合理。一般来说，一日三餐的能量分配比例大致为3∶4∶3，不合理的早餐和午餐将明显地影响体育特长生白天训练课中的能量供应，以及训练质量。

⑥应有适当的加餐，以满足身体对于能量和营养素的需求。

（二）合理地补充运动营养食品

由于参加珍珠球训练的青少年有生长发育和高强度训练的双重需求，因此一般的膳食不能很好地满足其营养需求，还应该注意加强一些营养素的摄入以满足身体的需要，加速体能恢复。主要包括以下四个方面。

1. 运动饮料

具体的补充方法为，在运动前喝150毫升左右的运动饮料，这样能够延长运动时间，延缓疲劳出现；在训练或比赛过程中，无论是否口渴，每15~20分钟喝100毫升左右运动饮料对于健康和运动成绩的提高都是至关重要的；运动后应即刻补充适量运动饮料，这样可以促进肌糖原的再合成，加快疲劳的消除。一般来讲，为达到最佳补充效果，运动前、中、后补充运动饮料应控制好摄入的时间和数量，不宜一次摄入太多的液体。

2. 优质蛋白质及氨基酸

①乳清蛋白：每天25克左右，运动后或者睡前补充，可以促进肌肉蛋白质的合成，缩短肌肉酸痛的时间，促进疲劳的消除。

②谷氨酰胺：每天4.5克，训练后即刻、睡前或两餐之间服用，每天1次。谷氨酰胺是骨骼肌内含量最高的游离氨基酸，具有促进肌肉合成、促进生长激素分泌、促进疲劳消除等多重作用。

③支链氨基酸：每天3~5克，分两次于餐前服用。支链氨基酸具有氧化供能、参与肌肉合成、预防和减轻中枢疲劳等作用，对于青少年体育特长生来讲非常重要。

3. 维生素和矿物质

①复合维生素制剂：每天至少1次，以满足体育特长生对于维生素的需求，否则容易缺乏维生素。

②复合矿物质制剂：每天至少1次，以满足体育特长生对矿物质的需求，也可以通过补充运动饮料的方式来进行补充。

4. 针对性的运动营养食品

①铁剂：每天补充1~2次，可以促进血红蛋白的合成，有利于提高有氧

能力。

②糖肽饮料：每天补充1次，每次40克左右，补充时间为运动后即刻。大豆活性肽吸收速度比蛋白质和氨基酸要快，而且具有多种生物学活性，能够有效解决训练后的运动性疲劳问题。

③番茄红素：每天1次，每次500毫克，可以清除训练时机体产生的大量自由基，延缓身体疲劳的出现。

④多功能运动营养食品：将参加珍珠球训练的青少年所需要的多种营养素组合到一起的多功能运动营养食品，可以解决训练中出现的多种问题，同时满足训练和生长发育的需求。

合理补充运动营养食品，不仅保证了参加珍珠球训练的青少年的健康，还有助于他们以最好的状态去参加训练和比赛，有助于获得好的运动成绩，因此具有重要作用。

三、珍珠球训练的具体营养方案

喜欢珍珠球运动，并愿意参与训练的青少年应拥有理想的身高和体重，具有较好的力量素质、速度素质和柔韧素质，以及良好的心肺功能和耐力素质。要想达到这个要求，不仅需要加强体育锻炼，而且需要注意合理营养，二者相互配合，才能达到最好的效果。

（一）增长身高的营养方案

对于处在生长发育期的青少年来说，身高是生长发育最有代表性的指标。青少年的身高受遗传因素的制约，但是科学的运动和合理的营养也是促进身高增长的重要因素。科学运动能刺激骨骺的软骨分化为骨骼，从而使骨骼不断变长。同时，合理营养可以提供原料，促进成骨细胞分化，使骨骼生成速度加快。

1. 膳食改进

膳食方面主要是增加蛋白质和钙的摄入量，因为蛋白质和钙是骨骼生长的主要原料。在一日三餐中多吃"优质蛋白质"，即瘦肉、禽肉、鸡蛋、牛奶、鱼虾类、豆类和豆制品等。

牛奶是首选食品，它含有大量的优质乳蛋白，也含有大量能促进骨骼生长的钙，因此能够提供骨骼生长的所有主要原料。青少年每天应摄入1000~1200毫克的钙，500 毫升的牛奶中约含钙 500 毫克，几乎能满足日需要量的一半。贫困地区的青少年，可以喝豆奶或豆浆，也可以多吃一些豆制品。这样既节约了开支，又补充了优质蛋白质和钙。

2. 运动营养食品的补充

①乳清蛋白：乳清蛋白是最优质的蛋白质来源，每天补充 25 克左右即可，补充时间放在运动后半小时内或者睡觉前较适宜。

②钙制剂和维生素 D：保证钙的摄入量，并促进钙的吸收。

重点提示：保证青少年的睡眠时间。人体生长激素水平是决定身高增长的重要因素，而生长激素主要是在睡眠当中产生，所以晚上就寝不应过晚，中午最好有午休。

(二) 增长肌肉的营养方案

"豆芽菜"体型在青少年当中并不少见，主要是肌肉量过少、肌肉力量差造成的。"豆芽菜"体型的青少年力量、速度等身体素质低下，其结果是不仅体力差，而且容易疲倦。与此同时，免疫力也会受到不同程度的影响，造成抵抗力降低，容易患各种疾病。解决方案就是通过适宜的力量训练和科学合理的营养来促进肌肉的增长。

1. 膳食改进

①多摄入一些优质蛋白质，如各种水产品、蛋类、瘦肉类、禽类、奶制品和豆制品等，至少应该占到总蛋白质摄入量的 1/3 以上。

②控制高脂肪肉类的摄入，如五花肉、腊肠、火腿肠等，以免出现青少年肥胖。

2. 运动营养食品的补充

适当补充乳清蛋白，每天补充 25 克左右即可，补充时间可以放在运动后半小时内或者睡觉前。

(三) 提高柔韧性的营养方案

柔韧素质的好坏对于青少年来说很重要，它不仅关系到青少年的运动素质高低，而且关系到日常的生活质量。通过适当的方法提高青少年的柔韧素质有助于增强青少年体质和运动能力。

1. 膳食改进

全面补充各种营养素，保证均衡的营养摄入。

2. 运动营养食品的补充

可使用保护关节韧带的营养品，含有氨基葡萄糖、硫酸软骨素、维生素 C 等成分，对韧带等结缔组织具有养护作用，于饭后或两餐之间食用。

（四）提高心肺功能和耐力素质的营养方案

反映青少年心肺功能和耐力素质的有男生的 1000 米跑、女生的 800 米跑、台阶试验和肺活量体重指数。当学生的这些测试不达标时，就需要采用运动营养手段来给予改善和提高。

1. 膳食改进

①增加一些含铁比较丰富的食物的摄入，如动物肝脏、瘦肉、豆类、木耳、菠菜等，能够促进血红蛋白的合成，提高血液携氧能力。

②适当增加主食类食物的摄入，可以为青少年从事有氧运动提供优质的能源。

2. 运动营养食品的补充

①铁剂。市场上的补铁剂种类很多，可以选择使用。

②运动中少量多次补充含糖的运动饮料。运动饮料具有良好的吸收性和较长的能量释放时间，能全面地提供有氧运动所需的各种营养素。

四、珍珠球训练的营养恢复

珍珠球运动技术对运动成绩至关重要。但是到一定的水平，每个人都有技术。除了力量、速度和爆发力，还有技术型运动员。力量、速度和爆发力依靠运动员的肌肉质量、肌肉类型（快肌或慢肌）、大脑传送正确的信号到肌肉的能力和结缔组织的僵硬度。当运动员训练时，这些素质和组织通过训练都能提高（除了运动员的肌肉类型）。每个教练都知道在训练一个团队时，有些队员训练效果更好，部分原因是基因因素，但是大部分的差异是营养导致的不同。下面介绍一些简单的方法让运动员利用营养提高训练效果。

任何训练计划的首要目标是减少运动损伤，其次是提高运动成绩。正确的训练和营养有利于这两个目标的实现。正确的营养是保持肌肉质量和力量完成整个赛季的关键，尤其对还在成长期的运动员。蛋白质是正确营养的关键组成部分，训练后尽快食用富含氨基酸的食物，尤其是亮氨酸，通过提高肌肉蛋白合成增加训练效果。蛋白质如乳清或牛奶能迅速和持久地增加血液中的亮氨酸，从而使肌肉蛋白质的合成和肌肉力量最大化的增加。结缔组织对青少年运动员的健康和运动成绩也非常重要。快速增强式运动增加僵硬度，但也增加了运动损伤的风险；慢速牵拉式运动降低僵硬度和运动损伤的风险。

（一）保持和增长肌肉

运动员的力量、速度和爆发力都依赖于肌肉的质量，而肌肉质量的增加要通过训练来达成。但是，没有充足的营养，力量训练不足以增加肌肉质量和力量，高强度、长时间的训练也很难增加力量。实际上，在大量的训练和比赛期间，运动员的体重通常会减轻，尤其青少年珍珠球运动员处于快速增长期，体重减少更加明显。有些体重减轻是体脂减少，但通常是肌肉减少。恢复营养的目的就是运动员帮助保持和增加肌肉，并确保在赛季时体重减轻的部分是脂肪。其关键是运动员要摄取多少热量、吃什么样的食物和在什么时候吃。

运动员的肌肉质量取决于肌肉蛋白质的合成和分解的平衡。斋戒的运动员，在训练后肌肉蛋白质的合成和分解都会增加，其结果导致斋戒的运动员肌肉质量不能增加。身体只有提供蛋白质时才增加肌肉，当运动员在训练后补充蛋白质，蛋白质合成超过单独训练的效果，富含必需氨基酸的蛋白质防止蛋白质分解的增加，这种平衡的转换使运动员开始增加肌肉质量。

蛋白质在恢复期时的重要作用是刺激肌肉蛋白质的合成，训练后的第一个30分钟内运动员应食用蛋白质。蛋白质的摄取时间具有重要性，受血流量和分子信号影响。如果运动员在训练后食用蛋白质，通过训练的肌肉血流量增加，食物中更多的蛋白质运送到训练的肌肉中。当蛋白质中氨基酸到达肌肉，就改变信号过程以刺激肌肉蛋白质的合成。最终的结果是运动员在训练后立即摄取蛋白质的这种转换使得更多的氨基酸进入肌肉和更多的蛋白质合成。

因此，训练恢复期的营养可以增加肌肉生长，但运动员应该吃什么？就恢复期而言，氨基酸是关键。在恢复期的饮食中增加糖类不会对肌肉蛋白质的合成或分解造成有利影响。就氨基酸而言，重要的是必需氨基酸和大量的支链氨基酸、亮氨酸。蛋白质容易吸收也同样重要。例如，牛排含有必需氨基酸但是人体很难吸收，而把牛排变成汉堡牛排就会容易吸收并可以使肌肉获得更多的氨基酸到肌肉中。用相同的方法，牛奶的两种蛋白质成分有不同的吸收率，其中酪蛋白需要大量的胃酸且消化慢，而乳清蛋白可以快速吸收，乳清蛋白中亮氨酸的含量比大豆蛋白质更丰富。高含量的亮氨酸刺激肌肉蛋白合成，而必需氨基酸可以合成新的蛋白质。因此，在训练后的恢复期内摄取含亮氨酸丰富的乳清蛋白比大豆或酪蛋白更能促进蛋白质的合成和肌肉的生长。含亮氨酸丰富的蛋白质的最好来源有牛奶、鸡蛋和含乳清蛋白的恢复性产品。

运动员应该摄取多少亮氨酸含量丰富的蛋白质？大量研究证明，训练后运动员应该摄取0.25克/千克体重的蛋白质，意思是175磅（79公斤）的运动员需要20克的蛋白质，而130磅（60公斤）的运动员需要15克的蛋白质。一次摄取太多的蛋白质对肌肉也没有好处。

（二）提高结缔组织的健康和功能

力量、速度和爆发力的另一个影响因素是运动员结缔组织的僵硬度。结缔组织不仅包括肌腱和韧带，而且肌肉内的胶原蛋白转移由肌肉到肌腱和骨骼。但运动员受伤时，运动员和教练员通常情况下只想到结缔组织。拉伸的腿后肌群或断裂的前交叉韧带是结缔组织的损伤，需要长时间的恢复。青少年女子珍珠球运动员这种类型的运动损伤是男子的四倍。因此，结缔组织的问题对女子珍珠球教练尤为重要。除了健康，结缔组织对运动能力也非常重要，与肌肉肌腱的僵硬度和跳的高度有直接关系。提高肌肉肌腱的僵硬度和跳跃成绩的最好方法是快速增强式练习（跳跃、短跑、弹跳或激烈的篮球比赛），这样的练习虽然对运动成绩有利，但肌肉肌腱的僵硬度与肌肉损伤发生率的增加相关，所以在训练中要注意增强式运动量应适宜。改变肌肉肌腱的僵硬度可以用慢的方式做相同的运动并集中在拉伸阶段。因此，训练中的慢速运动可以降低运动员僵硬度（和运动损伤的可能性）。

很明显，当谈到结缔组织的时候就要考虑运动成绩和运动损伤的平衡，而且快速增强式运动增加僵硬度，慢速的拉伸运动使僵硬度降低。这个过程如何通过营养来提高还不明确。首先，结缔组织不像肌肉，没有大的血流量，相反，肌腱和韧带运动更像海绵。当拉伸或负荷时，关节中的润滑液就被挤出来，当放松时，新的关节液又被吸收。这意味着在运动前血流量中的营养素可能提高肌腱和韧带的功能。其次，有些研究显示，营养干预可以改善结缔组织的功能。一项最近的研究显示，在抗阻力训练前后补充 10 克乳清蛋白不仅可以使肌肉肥大还对肌腱有好处。力量的增长的结果，部分原因是肌腱的适应。对结缔组织最有益的营养素是维生素 C 和脯氨酸。在营养上可以通过添加维生素 C 和脯氨酸使韧带变得更强，明胶中含有这些营养素，所以通常建议青少年运动员和损伤的运动员在训练前大约 30 分钟时吃 1/4~1/2 杯富含维生素 C 的明胶。

第六章 珍珠球运动常见损伤与运动性疾病的防治

在珍珠球训练比赛中，运动损伤和疾病是比较常见的，有的是因运动训练或比赛安排不当出现的异常，有的是由于过度训练、过度紧张出现的某些心律失常，运动性蛋白尿血尿、管型尿、血红蛋白尿、肌红蛋白尿，运动性贫血，运动性高血压，低热，运动员肝脏疼痛综合征及停训综合征等。

第一节 珍珠球运动常见损伤

如果把人的身体作为一部机器，在进化过程中只要能有效地利用身体所具备的技术之力，其利用率达到25%便是很好地发挥了其作用。人体的上体占人体总体重的50%，是用有限的骨骼来支撑的。骨骼因不能直接抵抗外来的撞击必须同关节组成一体，起到吸收及减缓冲击力的作用。如此的构造特征遍及全身并发挥其作用。在没有多少肌肉覆盖的颈部、头骨等部位抵御冲击的能力则是非常弱的，这些同人类直立行走的姿势是分不开的。例如，同四只脚行走的动物相比，两只脚行走的人类的腰椎弯曲部由于腹部内脏的重量，相对承受很大的压力。另外，人类在直立行走时靠脚来支撑身体，所以脚也需要承受很大的压力。人类的头大概有5公斤左右，在重叠的7小块颈椎的上方，过度地弯曲和牵拉，非常容易造成损伤。骨骼肌运动损伤产生的原因有遗传、先天的，也有因后天的缺陷形成的。先天构造、身体特定部位发育的缺陷等原因都会使运动员在进行珍珠球训练和比赛时容易受到损伤。

一、软组织损伤

软组织是指骨头以外的肌、腱、韧带、关节囊、神经等组织。如果对软组织施加过多的压力，损伤就会发生。教练员及功能恢复指导者对运动员所受的压力应该有一个明确的认识。

施加在软组织上的力分为压力、张力、剪力三种。压力过大时会对软组织产生破坏。软组织对这种压力虽然进行抵抗，并尽可能地接受，但是如果超过一定的限度而不能接受时，挫伤及跌伤就会产生。软组织被破坏并产生血肿，肌纤维因被撕裂而产生肌痉挛。张力主要是指牵拉及伸长组织的一种力量。剪力是指从旁边即平行地切断连接组织的纤维。虽然腱和韧带对张力能够很好地进行抵抗，但是对剪力、压力等就不能做到充分的抵抗。强烈的压力可以产生挫伤，强大的张力及剪力等可引起各种程度的扭伤（如韧带）、肌肉拉伤（如肌腱组合）。

二、关节损伤

关节是自由活动的可动关节，是由两块以上的骨组成。活动范围是由固有的构造和形状、韧带的强弱、关节面的压力、关节软骨（椎间盘）的存在及肌肉活动的程度决定的。

（一）脊柱

脊柱在进行大范围内活动的同时，还连接着肋骨、肌肉、骨盆及头部，同时也起着支撑的作用。脊柱还能够接受外力的冲击并将其分散，在身体移动时也起着不可或缺的作用。防止脊柱发生损伤最为重要的是注意骨盆的活动，在体育运动中，通常把力（负荷）传向骨盆、腹肌及胸椎，其中30%作为压力加之于腰椎，而50%则加于胸椎的下部。

（二）肩胛带

肩胛带是指构成肩关节的肩胛骨、肱骨及锁骨。多数体育运动都需要很大的运动量，因此经常会发生软组织的损伤。还有肩关节不是依靠骨结构而主要是以韧带的支持结构来维持的，所以严重的扭伤、脱位也是非常容易发生的。大多数肩的损伤是由于肩峰受到了从锁骨中传递的拉力及冲击力而产生的。因此，一般的肩部损伤主要是肩锁关节的分离和脱位。肩部损伤的发生机制为摔倒时手触地，腕关节受到牵拉而发生的，这是最为常见的肩损伤。

(三) 肘关节

肘是复合性关节，复合关节像其他关节一样只能在有限范围内进行伸屈。强制性的伸展、过度伸展及冲击力都是造成损伤最根本的原因。如果将肘固定在伸直的状态下，跌倒时如果用腕和肘做支撑就会发生损伤。此外，珍珠球运动员在掷球时，过度地伸展腕关节也会造成肘的损伤。

(四) 腕关节

腕关节进行各种各样的活动，是身体中最容易活动的关节。腕关节的损伤经常发生在腕关节过度伸展，或受到一定的压力时。

(五) 髋关节

髋关节损伤的发生是非常稀少的。髋关节只是在超过可动区域进行活动时会产生损伤。大多数的髋关节损伤是由于运动员突然变换方向，使股骨颈连续地做角度非常大的扭转时所引起的。

(六) 膝关节

珍珠球运动会给膝关节造成很大的压力。从膝关节的构造机制上看，韧带发生损伤的时候是非常多的。膝关节做伸展动作时无论从外侧还是内侧都容易受到外来的压力。膝关节侧方的韧带称为胫侧副韧带，特别是内侧胫侧副韧带最容易发生扭伤及完全性断裂。膝关节的损伤大多由外力引起。

(七) 踝关节

这一部位发生最多的损伤是扭伤。肌腱与韧带在支撑不充分时，踝关节很容易发生严重的损伤。

三、骨损伤

人体的骨头是最不能接受外力直接冲击的，它通过肌肉组织接受外力并缓冲对骨头的直接冲力。因此，在体育运动的骨折中，长骨的骨折是最容易发生的。

骨有各种各样的类型，如胫骨支撑着整个身体的重量，桡骨及尺骨则巧妙地做着细小的动作。肱骨及股骨等长骨为不均匀的管状，其长轴的各部位受力是不同的。长骨有少许弯曲，但也难以接受外力的直接冲击。牵拉长骨会使其变得脆弱。骨折的大多数原因主要来自骨本身。解剖学上所说的强和弱主要受骨的形状和变化，以及变化方向的影响。从弯曲程度和抗破坏能力这两方面来说，空心的圆状体结构比实心的棒要结实。换言之，实心的这一方抵抗力是非常弱的，也非常容易发生损伤。

损伤一般发生在外力集中于改变方向，致使骨头突然改变形状。长骨的损伤不是发生在缓慢地改变其形状之时，而是发生在突然变化之时。例如，锁骨扭伤时，骨折就会发生在由弯变直的过程中。长骨在牵拉、外力、弯曲、扭拧过程中受到压力而变得脆弱，这些外来压力有单一的，也有复合的，它们成为骨折的原因。例如，扭转骨折是由于扭拧而产生的，斜断骨折是因向轴方向加之外力、弯曲及扭拧的复合力而引起的，横断骨折则是由弯曲引起的。

四、珍珠球运动损伤中的身体姿态问题

不良的身体姿态是由两侧的不均衡、骨的异常、异常的骨骼线及运动系统不良等原因而引起的，这也是一些重要运动损伤产生的原因。长时间进行珍珠球训练会使身体的某一特定部位异常发达，引起身体不均衡的发展，形成不良的身体姿态。

例如，在膝部、腰部的损伤中，骨盆和脚的非对称性是造成损伤的原因之一，如果不进行矫正，最后则会形成慢性损伤，严重时运动员必须中断运动。身体姿态的不均衡必然会引起各种运动损伤的发生，身体姿态上存有某些缺陷时，必须找医生或者专门的指导者进行诊断，尽快矫正。身体训练在原则上以维持两侧的均衡发展来尽量抑制单侧的发展，增强主动肌的同时应增强拮抗肌，在取得全身均衡发展的前提下再进行肌肉力量的强化，这样的功能恢复才能使全部的训练计划得到实现。

五、珍珠球运动的损伤复发

损伤的复发是体育运动中一个重大的问题。严重的损伤虽不会多次发生，但

复发、程度的加深及频度的加快却是常见的。这主要是在功能恢复期间对损伤进行了不恰当的治疗及对其不重视所引起的。另外，从受伤到恢复前，如果带伤坚持训练，不仅损伤得不到彻底的根治，还必然引致复发。

忍受疼痛这种不屈不挠的斗志是很值得夸奖的，但认为这才是勇士的行为则是非常错误的观点。这样的想法不仅对运动员，甚至对教练员来说也是有害的。对于忍耐疼痛是一个很特别的问题，不能只根据人对疼痛的反应大小来确定损伤的程度。对疼痛忍受力很强的运动员来说，即使在受伤期间也可以参加训练和比赛。但是，这么做只会加重损伤的程度。

在很多的体育运动中都会发生非常激烈的身体接触与碰撞，如果体力、肌力不在同等水平上时，体质弱的一方就有可能受伤。受过伤的运动员在重返运动场之前，考虑多种因素是非常有必要的。异常外力的多次反复造成的显微外伤可以引发损伤，进一步发展便会成为能够确认的损伤。显微外伤是指只能在显微镜下才能被确认的微小的损伤。这种由于外力作用而产生的损伤体现了体育运动行为的有限性。骨头、关节、软组织接受恒定不变的压力，迫使可动区域扩大，在长时间激烈的运动中则会发生损伤。这样的损伤大多数与跑、跳、投等动作有直接关系。这种类型的损伤虽然有一部分看起来是比较轻的，但也会有完全动弹不得的情况。

第二节 珍珠球运动损伤的预防

一、珍珠球运动的过度疲劳预防

（一）过度疲劳产生的原因

随着珍珠球运动水平的逐步提高，无论是训练的频度还是强度都在增加，正因为如此，才会出现过度训练、过度疲劳的现象。过度疲劳是由于过度训练，肌肉及骨骼系统受到异常的压力、反复受伤而引起的。身体的组织构造能够经受多大的压力是因人而异的。过度疲劳的产生原因有内因和外因两种：内因主要有下肢排列的异常、肌肉的不均衡及解剖学上的因素；外因主要有训练的不科学、不良的器具和器械、路面等环境的因素。过度疲劳中有80%都产生于非常需要耐力的体育运动项目、熟练的技术动作及动作的多次反复中，其中80%的发病又都集中在下肢部分。过度疲劳现象是从炎症的发生开始的，因此，只有注意观察是否有炎症的发生，并且进行适当的处置才能谈得上预防。炎症是由于多次受到外力的压迫和摩擦、反复异常的压力而引起的组织损伤的一种反应。由于内、外的一些原因，肌腱及肌腱结合部、滑液囊、骨髓也会有一些炎症发生。

过度疲劳现象正如前所述，是正常压力的反复施加、压力过急、过大造成的，所以应在这方面加强认识。对炎症的处置，首先要找出原因，然后消除疼痛、增加可动性以促进治疗，同时还必须减轻肿胀的程度。

炎症的症状有如下几种：

①（尿）分泌液储存器官肿胀。
②由于血流加快而出现的赤红。
③血流快速涌向患部出现局部发热。
④患部有压迫性疼痛。
⑤肿胀和疼痛所引起的患部机能损伤。

在没有发现炎症之前就已经发病的例子是非常多的。最初的疼痛和僵硬会随着进行准备活动而消失，但是持续地运动会使疼痛再次出现，并且这种疼痛还会逐渐加强。在最初感觉到疼痛时如果不进行充分的休息，疼痛的产生和消失会反复、多次交替出现，恢复的可能性也会变得越来越小。疼痛是提示组织已经受伤的警戒信号，所以感觉到疼痛时应该立即休息。

（二）由过度疲劳所引起的损伤

1. 肌腱及肌腱结合部的炎症

肌腱结合部的炎症是不断地对这一部位进行反复压迫而引起的，其结果表现为已有细微损伤及出血部位的周围组织受到刺激而引起炎症。在骨和肌腱的结合部位中，因为纤维性软骨的存在，几乎没有血流通过，其损伤的治疗是非常花费时间的，而且也比较容易发展为慢性病。这种病常见于成长期儿童的胫骨结节软骨炎及踝骨骨端炎。肌腱结合部的炎症发生在肘、腹股部、髌骨的附近和远距离位置的肌腱结合部、跟腱的踝骨结合部及足底筋膜的踝骨结合部。这一损伤的症状如下所述：

①肌腱与骨的结合部的疼痛。
②轻度的肿胀与机能障碍。

③肌腱结合部有压迫性疼痛。

④肌肉收缩时有自发的疼痛。

处置方法：首先进行冷敷，后让其制动。在稍微挪动就有痛感的情况下，应用贴膏和绷带固定。如果是急性的，进行热敷后要逐渐活动患部。如果变成慢性的，就应该休息1~2周，局部注射类固醇药物稳定病情。如果疼痛持续时间很长转成慢性时，应该进行手术治疗。

预防措施：进行适当的训练，使用适合个人情况的器械和器材，提高自己的基本体力。

2. 滑液囊炎

滑液囊是指骨和肌腱间、肌腱和肌腱间、骨和肌腱与皮肤间可见的装有液体的小袋。对相应部位施加一定的压力时会产生一定的摩擦，滑液囊能起到减轻这些摩擦的作用。但是滑液囊反复受到冲击和刺激就会引起炎症。使用滑液囊上的肌腱进行反复活动时，炎症也会发生，如跟腱周围的滑液囊。这一部分的滑液囊如果发生炎症，会引起滑液囊跟腱周围的滑液囊炎内分泌物的储存，出现肿胀及疼痛。特别严重时，表层的皮肤会发红同时伴有灼热感。滑液囊炎一般都由摩擦引起，多发生在反复进行动作中。

处置方法：首先，疼痛完全消失前要制动。其次，对患部进行冷敷，用绷带进行加压包扎。如果这一部分的炎症是因为外部的压迫所引起的，则不能进行加压包扎。在肿得非常厉害而且有痛感的情况下，应及时接受医生的诊断。通常在损伤发生24小时之后再进行热敷，伤病被延误时也可手术治疗。损伤发生后，最为科学的方法就是听从医嘱，进行适当的处理。

3. 骨膜炎

小腿的骨膜炎是在硬质的地面及垫上进行激烈训练、用足尖进行跑步、技术及器械的不完备所引起的过度疲劳的损伤，足弓的偏斜、内八字脚等足部构造上的异常也可引起。其症状为，活动时小腿的深处有痛感，进行激烈运动时疼痛会成比例地增加，小腿的前面与内侧之间也有部分的压痛和肿胀。

处置方法：首先要制动，不要对患部施加压力。其次一般在开始时采用冷敷，然后再进行热敷。如果制动和温热疗法都不能使疼痛减轻，就应该立刻去看医生，确认是否发生了疲劳性骨折，之后的治疗应该按照医生的指示来进行。

预防措施：为了缓和小腿的压力，应该回避在硬质地面和垫上进行训练，应该使用合适的器械，特别是要穿缓冲性能良好的运动鞋，同时，对跑的技术性指导也是非常必要的。

4. 肌肉的炎症

过度使用肌肉时会产生热量而引起超热量现象。如果继续进行活动，肌肉能量贮存完全燃烧后就会引发炎症，多发生在大腿部、背部、肩胛骨、腓骨等部位。肌肉的炎症表现为肌肉收缩时会发生疼痛。另外，肌肉强烈收缩及反复进行，都会使疼痛增加，有痛感的肌肉会发生聚筋及痉挛现象。

处置方法：减轻运动量让肌肉得到休息。初期采用冷敷的方法，其后进行温热疗法，逐步地活动肌肉。

5. 肌腱炎与腱鞘炎

肌腱与腱鞘进行反复的运动时受到机械性的刺激而发生炎症，而肌腱炎与腱鞘炎是体育运动中最难治愈的损伤。因此，运动中如果有痛感及肿胀应立即相应性地减少或停止活动，防止转化为慢性炎症。肌腱炎与腱鞘炎的发生多在跟腱上，在股二头肌长头腱、冈上肌腱、手及足的伸肌腱上也有发生。腱鞘炎发生的初期是在运动中及运动后，肌腱与腱鞘会出现疼痛、有捻拨似的声音发出，同时也有机械性的损伤发生，拍X光时患部有肿胀和钙化现象。

6. 疲劳性骨折

疲劳性骨折是过度疲劳的主要损伤之一，主要发生在胫骨、腓骨、跖骨。疲劳性骨折是由于正常情况下加力及强大力量的冲击引起的。突然发生症状的时候居多，发病一周后只在运动时会产生疼痛，休息后疼痛会消失。但是，进行激烈运动时疼痛会加强，即使停止运动也还会有钝痛的感觉。如果患部有肿胀和压痛，在最初的X光检查时，疲劳性骨折不易被发现，所以一旦有异常的感觉，在2~4周后再度到医院进行X光检查是非常必要的。初期的确定诊断要进行骨CT及磁共振成像的检查。

处置方法：疼痛消失之前要制动，X光检查后如果有异常发生用石膏进行固定，行动时要使用拐杖。

预防措施：疲劳性骨折的预防非常困难，在选用合适的运动鞋和用具的同时，选择适合运动员个人的运动处方非常有必要。

二、珍珠球运动中的跑损伤预防

(一) 跑损伤的原因

1. 跑的技术动作不正确

人的身体在正常状态下是不会有疼痛的。珍珠球运动员一般都有腰、膝、腿、足及其他部位的疼痛发生。有某种异常疼痛的运动员几乎都是因为跑的技术动作不正确。建立正确的技术动作，恢复正常的状态，以及珍珠球运动员的腿、足损伤的预防是非常必要的。珍珠球运动员腿疼痛所引起的关节及韧带的疼痛多半都是过度疲劳和肌肉的不平衡等原因造成的。

2. 身体姿势与体重的分布

两只脚各支撑全身50%的体重，这50%的体重由拇指球、小趾球、足跟三点所支撑。也就是说，全身的体重由身体中的六点所支撑。腿、足有异常的珍珠球运动员，其体重支撑点的分布一定是不正常的。

足部有内侧纵弓、外侧纵弓、横弓、跖骨骨弓。足弓由三点支撑，形成拱形的足弓。足弓上缘的胫骨担负着50%的体重。从上方加重时，各足弓向纵横扩展，分散重量后吸收重量；把脚抬起时，足弓又恢复到原来的位置，起到弹簧的作用。这种弹簧的作用在三点支撑时非常强，但是却不能使用。

(二) 跑引起的损伤

1. 足底筋膜炎

如果使用拇指着地，拇指侧的足底筋膜受到张力，被拇指侧足跟所牵引，由此而引发炎症。有的部分甚至会发生脱落、断裂。在珍珠球运动员中也能看见足底中央部及外侧的断裂，其原因同肌肉拉伤非常相像。足底筋膜处在缩紧状态时，突然伸展的张力会使其断裂。发生以上这些现象都是有原因的，患有足底筋膜炎的珍珠球运动员几乎都是用足尖，而不是以足跟然后过渡到足尖为支撑点的正确姿势来完成跑的动作。

足底筋膜炎的对策是改善、提高足底肌肉的柔韧性。但是在无负重的情况下是不可能治愈的，所以在正常的状态下进行恢复是非常必要的。

2. 外踝及内踝周围的肿胀及疼痛

外踝及内踝的周围有能使足踝伸屈的肌腱通过。一方面，内踝的后方是后胫骨肌腱，有意识使用拇指着地的运动员因为过度使用后胫骨肌，致使其腱发生炎症。另一方面，外踝的后方有腓骨肌腱，用小趾着地或用足尖着地的运动员，因为着地方法不正确，腓骨肌腱会出现肿胀和疼痛现象。半数以上的运动员因为不能用正确的方法着地而出现 O 型腿和 X 型腿，致使体重都集中在小趾上，因而也就形成不了正常的三点支撑。

3. 各种疼痛

由胫部引起的疼痛各种各样。其中之一是前面所讲的像胫骨后肌肉一样的足尖、趾尖带动肌肉的结合部分的筋膜、骨膜，还有肌肉的其中某一部分会发生过度疲劳。骨头被施加了过度的压力同样会引起疲劳性骨折。过度使用肌肉，骨膜及筋膜都会受到刺激。在急性发病阶段，正确判断何处受到过度压力是非常困难的。出现胫部疼痛的运动员，胫、腓、大腿部的肌肉都已处于疲劳状态。

引起各种疼痛的原因之一还有腿部的超重负荷。如果两脚各承担体重的 50%，正常的状态下骨盆也是相对安定的，但是骨盆如果向其中一侧倾斜，内收肌就会发生收缩，这样左脚的体重负担过重，右面的骨盆就会下沉。因此，保持正常的体重支撑点不被破坏是非常重要的。

4. 膝关节周围的疼痛

膝的疼痛几乎都是由大腿部肌肉的过度疲劳引起的。在跑跳中过度使用股四头肌中间的股直肌，其结果为在髌骨的上端和下端会有疼痛出现，多发生在中部。髌韧带的内侧及外侧也有痛感。过度使用大腿部的内侧肌肉，其内侧就会出现疼痛。相反地，外侧的肌肉过度被使用，其外侧则有痛感。从这里可以看出，膝周围的疼痛是由大腿部内侧和外侧肌肉的不平衡造成的。

5. 鹅足炎

鹅足的肌肉收缩时，膝弯曲，但是肌肉群强烈活动时，胫骨向内发生扭曲。鹅足炎是膝下方内侧部分疼痛，是由于鹅足肌肉的过度疲劳、鹅足结合部被牵拉所引起的炎症。着地脚向外侧的运动员非常容易患鹅足炎。腱及骨头的结合部出现疼痛情况时，即使采用助跑治疗法，效果也不会明显。减缓由于过度疲劳所引起的肌肉僵化,让大腿放松可使疼痛消失。

6.髂胫韧带炎

脚的外侧负重情况下髂胫韧带受外力压迫。体重落在脚的外侧时,膝反复进行伸屈,致使髂胫韧带与股骨外上髁发生摩擦引起髂胫韧带炎。主要是股部外侧和内侧的肌肉由于过度使用髂胫韧带及外侧的能使膝关节弯曲的腘肌致使膝外侧出现疼痛,还有其中间肌肉的平衡问题。从根本上说是使用方法的不正确造成的,所以只要恢复到正常状态,问题就能解决,其中,增强这一肌肉群的柔韧性是防止膝损伤的关键。

(三) 跑损伤的预防

跑损伤的预防主要是提高肌肉的柔韧性和左右活动的对称性。身体的对称性如果被破坏就会出现异常现象,发现异常现象的最简单方法是看身体是否倾斜。双脚分开与肩同宽站立,膝稍微弯曲,向上垂直跳,全脚平着落地。全脚落地时,拇指球、小趾球、足后跟三点支撑的同时吸收冲击力,这种正常的着地方法最能起到缓冲的作用。

全脚落地时的声音实际上只能听见一回,但是胫骨张开、足踝僵硬的运动员落地时的声音一定可以听见两次。也就是说,从足尖开始落地,接着才是足后跟落地,这主要是由平常跑步的不良习惯形成的。例如,用足尖走上一个小时,会出现腓骨疲劳、胫骨张开的现象。反复跳跃落地时,还会出现两脚的位置一前一后的现象,最为严重的情况是一次的跳跃也会出现相同情况,以上这些情况都表明骨盆已经发生了倾斜。以上同跑步时手臂的摆动也有一定的关系,摆动的不平衡或只强调一侧手臂的摆动,都是损伤发生的原因。正确的姿势是一侧的手臂向前摆动时,相反的膝向前摆动;手臂不向前摆动时,膝也不会摆动。有意识地向前摆动、肘向后引的摆动这种不良习惯会使步幅发生改变。在这样的情况下,会出现只有左脚向前迈出,而右脚却只迈出一点,腰总是处在歪扭的状态下。对运动量很少的运动员来说几乎没有影响,但是随着运动量的增加,腰、骨盆、髋关节的根部及双脚都会出现疼痛。

第三节 珍珠球运动中的监督

一、珍珠球运动教学中的健康分组

为了使珍珠球锻炼更有效地促进青少年的生长发育和增进健康，避免不合理的活动给身体健康造成不良影响，体育教学时必须进行健康分组。

（一）健康分组的依据

1. 年龄和性别

2. 健康状况

3. 发育状况

4. 功能状况

5. 身体素质和基本运动能力

（二）健康分组的组别

1. 基本组

基本组由身体健康、发育良好、功能正常或发育与健康状况有轻微异常，但功能检查结果良好，且有一定锻炼基础的人组成。按规定的教学大纲进行教学，在一定的时间内，要求他们通过体育锻炼标准，并进行全面锻炼，鼓励他们参加学校体育代表队和比赛。

2. 准备组

准备组由身体发育和健康状况有轻微异常，但功能检查结果无明显改变，平时又较少参加体育活动的人组成。可按规定的教学大纲进行教学，但进度要放慢些，活动强度也要小一些，不能参加专项训练和剧烈比赛，通过体育锻炼标准的期限也要适当延长。在一般学校中，基本组和准备组学生的体育课由一位老师统一指导时,准备组学生可免去活动强度最大的部分或较高难的动作内容,并适当增加间歇次数。

3. 医疗体育组

医疗体育组由发育或健康状况有明显异常(如脊柱畸形、小儿麻痹后遗症、先天性心脏病等)和伤病初愈后体质较弱的学生组成。他们应按特殊的体育教学大纲进行体育教学或学习大纲中的个别项目或进行医疗体育。

二、珍珠球运动训练中的自我监督

自我监督(Self-supervision)是体育运动参加者在运动过程中,特别是训练时对自己身体的健康和功能状况经常进行观察的一种方法。它是体格检查材料的重要补充,也是间接评定运动量大小、预防运动伤病及早期发现过度训练的有效措施,并为合理安排体育教学和训练提供重要的依据。自我监督的内容包括主观感觉和客观检查两个方面。

(一) 主观感觉

1. 一般感觉

2. 运动心情

3. 不良感觉

4. 睡眠

5. 食欲

6. 排汗量

(二) 客观检查

1. 脉率

经常参加珍珠球运动的人,安静时的脉率较慢。脉率与训练水平有关,一般经过半年训练后可下降 3~4 次/分钟，经过一年训练后可下降 5~8 次/分钟。这主要是因为通过系统训练，支配心脏的交感神经张力下降，迷走神经张力相对占优势。训练水平较高的运动员，常出现心动徐缓，这是系统训练后的良好反应。训练水平提高或下降时，脉率也会发生相应改变。

2. 体重

每次运动后，体重常会下降，运动强度越大、持续时间越长，体重下降的幅度就越大。参加系统的珍珠球训练后，体重变化的情况可分为 3 个阶段：第 1 阶段，体重有逐渐下降的趋势，这是由于机体失去过多水分和脂肪，这个阶段一般持续 3~4 周，体重一般下降 2~3 公斤，体型较胖或参加系统训练前较少活动者，体重下降的幅度要更大些；进入第 2 阶段，体重处于稳定，运动后减轻的体重在 1~2 天内得到完全恢复，这个阶段持续 5~6 周；进入第 3 阶段，因肌肉等组织逐渐发达，体重有所增加，并保持在一定的水平上。

3. 运动成绩

坚持进行合理的训练，运动成绩能逐渐提高或保持在较高的水平上，动作的协调性好。如果照常训练而成绩没有提高甚至下降，动作协调性差，熟练的动作不能完成，则可能是由于体能状况不良或是早期过度训练所致。记录时，若动作协调性良好，运动成绩基本保持所有水平为"一般"；若动作协调性差，运动成绩下降为"不良"。

三、珍珠球运动训练中的医务监督

（一）合理安排运动强度和运动量

按现代竞技体育的要求，无论是训练或比赛，运动员的机体功能都是在一种临界状态下进行的，也就是在不超过生理限度的情况下，使运动员发挥最大的潜力，取得最好的运动成绩。但是，这个"生理极限"是相对的，不同年龄、性别、健康水平和训练程度的运动员是有很大差异的。因此，医务监督的任务之一就是要区别生理与病理之间的界限，以保证运动员在"生理限度"以内进行训练或比赛，既能使运动员的潜力得到最大限度的发挥，又不能出现过度训练。运动员身体功能评定包括：

（二）功能评定

运动训练过程中，在加强自我监督的同时，应定期进行形态和功能指标的测试。运动员身体功能评定的各种参数，可以从安静状态、实验室定量负荷和运动现场等方面取得。运动员身体功能评定包括：

①训练前后的动态观察。
②一周内的动态观察。
③每周一次清晨定时检查。
④比赛前后的动态观察。

（三）比赛期的医务监督

运动员在比赛期间，为适应竞赛的需要，神经系统处于高度紧张状态，心血管和呼吸系统及内分泌系统等功能状态均处于较高的水平。某些项目的比赛可对机体带来某些不利的影响。因此，除了要求运动员具有顽强拼搏的意志、强健的身体、良好的训练水平和最佳的竞技状态，还需要有良好的医疗保证。

1. 人工减轻体重

合理地控制或减轻体重，对保持体力和取得优异成绩有重要作用。但是，不适当地减轻体重，会给身体带来损害。

控制饮食和饮水量：这是最常用的一种方法，其原则是通过对饮食成分和饮水量的控制，使体重下降。但使用这种方法时，必须注意保证膳食中的营养价值，每日饮水量应控制在500~600毫升，饮食中盐的摄入量应减少到5~6克。控制饮食和饮水应在比赛前一周开始，可使赛前体重减少1~3公斤。

发汗性热浴：发汗性热浴是一种强行使体重下降的方法，体重的减轻与机体失水有关。若过度发汗，可使机体大量失水，并使盐分丢失过多，影响机体的正常代谢，引起身体不良反应，此种不良反应的程度与体内失水量的多少有关。

运动员赛前控制或减轻体重，应该遵守循序渐进的原则，最好有一个较长的减重计划。减重的措施较多，但平时要注意控制饮食，避免因热能摄入过多引起体重增加。

2. 人工月经周期

女运动员在参加重大比赛时，为了避免月经期身体反应对运动成绩造成影响,人为地使用月经周期提前或错后的方法,称为"人工月经周期"。采用提前或错后法,应视比赛的时间和运动员身体反应情况而定。对实行人工月经周期的运动员必须加强医务监督,由于是人为地打乱正常的月经规律,从体育保健的角度来看,不宜经常使用,尤其是月经初潮的女运动员,原则上不要采用。

第四节 珍珠球常见运动性疾病的防治

运动性疾病是指因训练安排不当,或比赛时运动负荷过大而造成的运动员身体机能的下降或功能的紊乱,以及由此出现的各种疾病和症状。

一、珍珠球运动中的过度紧张

过度紧张是指在珍珠球训练或比赛时,运动负荷超出了机体所能承受的范围而引起的急性病理现象。

(一)发病原因

引起过度紧张的主要原因是训练水平较差的生理机能状态不良,因而多发生在缺少锻炼、比赛经验不足及因故长期中断训练或患病的运动员中,当他们过于勉强地去完成机体难以承受的剧烈运动或比赛时,就有可能发生过度紧张。

(二)症状与体征

1. 急性胃肠功能紊乱

急性胃肠功能紊乱是过度紧张中最常见的症状。运动员多在剧烈运动后短时间内出现恶心、呕吐、头痛、头晕、面色苍白等症状,呈衰弱无力状态。

体检腹部有轻压痛,脉搏稍加快,血压大多正常。

2. 急性心功能不全和心肌损伤

主要表现为运动后出现头晕、眼花、面色苍白或紫绀、呼吸困难、呈被迫端坐呼吸,阵发性咳嗽,并咳出粉红色泡沫样痰,以及胸痛、右季肋部疼痛,甚至意识丧失等。体检可见脉率增快且细弱或节律不齐,两肺有湿啰音及哮鸣音,血压下降等。极少数人在出现上述症状后的 24 小时内死亡,称为运动猝死。

3. 脑血管痉挛

运动中发生的脑血管痉挛，可造成脑部缺血、缺氧，使运动员在运动后突然发生肢体麻木，动作不灵活或僵硬，同时伴有头痛、恶心、呕吐等症状。

4. 晕厥

晕厥是由于脑部一时性供血不足而引起的突然、短暂的意识丧失，多是局部血管因素造成了普遍的暂时性脑缺血，并由脑干网状结构血流的减少所致。表现为头昏、眼花、面色苍白、全身乏力、出冷汗，进而出现意识丧失，一般数秒内便可恢复，少数人在数小时后清醒，其他异常体征不明显。

运动造成一时性脑部供血不足的原因不一，较多见于运动员精神过于紧张及情绪波动较大时，如初次参加大赛前表现出的心情过分激动等。这是因神经反射使血管紧张性降低，引起广泛性小血管扩张，继而血压下降，脑血液供应不足，从而导致晕厥。此外，如站立时间过长或下蹲后突然站起及从卧位转为立位时，因血管神经调节功能失调或血管中交感神经的紧张性降低，使下肢血管收缩的反射过程缓慢，加之血液本身的重力作用，致使血液瘀滞于下肢，回心血量减少，心输出量下降，造成脑部一时性缺血。运动员疾跑后突然停止跑步出现的晕厥称为重力性休克，这和下肢血管突然失去了肌肉收缩对它们产生的节律性挤压作用，加上血液本身的重力，使得大量血液瘀滞于下肢，减少了回心血量有关。

(三) 处理方法

病情较轻者，应保持安静平卧位，注意保暖，并予以必要的对症处理，如口服镇静剂，吃容易消化的食物等。对有心功能不全的患者，应保持安静，取端坐位，给氧吸入及点掐内关、足三里穴；有昏迷者可加点人中、百会、涌泉等穴；若发生呼吸、心跳骤停，必须立即就地进行人工呼吸和胸外心脏按压，同时速请医生做进一步处理；出现晕厥的病人，要平卧休息，保暖防寒，松解束带及领、袖，给氧吸入，或点掐人中、百会、涌泉等穴，并注意保持呼吸道通畅，神志不清者严禁进食，意识不能迅速恢复者应立即送医院处理。

(四) 预防原则

过度紧张的预防，首先在于加强锻炼，提高身体素质和机能水平；其次在训练和比赛中应结合身体实际情况量力而行。患病期间可暂停训练，积极治疗并注意休息。伤病初愈者要注意逐渐增加运动量。

二、珍珠球运动中的低血糖症

血糖是葡萄糖在体内的运输形式，也是细胞尤其是脑细胞能量的主要来源。正常生理情况下的空腹血糖浓度是相对恒定的，一般维持在80mg%~120mg%。若血糖浓度低于55mg%便会出现一系列症状，称为低血糖症。当血糖低于10mg%时会出现深度昏迷，称为低血糖性休克。

（一）病因与发病机理

①长时间的剧烈运动消耗了体内的大量血糖，运动强度是影响运动中糖利用的主要因素之一。随着运动强度的加大，机体所需要的能量增加，进入肌细胞的葡萄糖量也增加，因而提高了糖氧化速度。

②运动前食物摄入不足，体内糖原储存不足，运动中又没有及时补充糖的消耗。

③训练或比赛前补充了大量血糖。随着大量的葡萄糖在短时间内进入血液，使血糖浓度迅速提高，刺激了胰岛素分泌量的增加，很快便引起了血糖浓度的下降，出现"回跃性低血糖症"。

④精神过于紧张、强烈的情绪波动，以及患病、饥饿等情况，干扰了中枢神经系统糖代谢调节机制，使迷走神经易于兴奋，刺激胰岛素的分泌量增加，导致低血糖发生。

（二）症状与体征

低血糖症是一个综合征，虽病因不同，但具有共同的临床症状。当发生低血糖时，首先出现交感神经过度兴奋或脑功能障碍的症状。这是由于中枢神经系统的糖原储备极少，并呈结合状态，不利于进行氧化利用，脑细胞需直接从血糖不断取得营养，获得能量，因此大脑对低血糖极为敏感。症状轻者有明显的饥饿感及头晕、眼花、面色苍白、出冷汗、心慌、乏力等症状。严重者神志模糊，思维、语言迟钝，步态不稳，视物不清，甚至出现精神错乱、狂躁易怒、肌肉颤动以致昏迷。体检时可见脉搏细速、呼吸短促、瞳孔扩大、四肢湿冷，血糖浓度下降至40~50mg%以下。

(三) 处理方法

本症确诊后,轻者平卧休息,口服温热糖水或少量含糖流质饮食,症状短时间便可消除。症状较重或出现昏迷者,应迅速静脉注射50%葡萄糖40~100毫升,一般即可纠正低血糖并消除症状。若病情仍不缓解,可继续予以5%~10%葡萄糖液静脉点滴,同时点掐人中、涌泉、合谷等穴,配合双下肢按摩,并迅速请医生前来处理。

(四) 预防原则

平时训练水平低、缺乏锻炼、身体机能差及空腹饥饿者,不可参加长时间的剧烈运动。运动或比赛前要进食一定量的高糖饮食,在长时间运动过程中还需适量补充含糖饮料。儿童少年运动员由于体内肌糖原、肝糖原储备较少,加之代谢旺盛,运动前和运动中尤应加强补充血糖,以防止低血糖症的发生。

三、珍珠球运动中的腹痛

腹痛是珍珠球运动中常见的症状,可由多种原因引起,并时常在运动过程中或运动结束时发生。

(一) 病因与发病机理

运动中腹痛的发生和运动员的身体机能状况、训练水平、运动前准备活动情况等因素有关。发病机理主要有以下四个方面。

1. 肝脾瘀血

肝脾瘀血的发生原因主要是运动员准备活动不够、心机能水平低下,以及运动中呼吸动作的协调性较差等。

如果运动前的准备活动不够,影响了全身各系统器官的机能活动,使之无法承担运动时所应承担的较大运动负荷,尤其是循环系统功能低下、心肌收缩力较弱可使静脉回心血量减少,腔静脉压增高,从而造成肝脾瘀血肿胀,结果增加了肝脾被膜张力,使被膜上的神经受到牵扯而产生上腹部疼痛。

运动中呼吸动作的不协调,呼吸急促而表浅可使胸内压上升,影响腔静脉回流,同样可造成肝脾瘀血。

2. 胃肠道痉挛或胃肠功能紊乱

运动时胃肠道痉挛，使胃肠壁及肠系膜上的神经受到牵扯而产生腹痛。凡饭后过早地参加运动、运动前吃得过饱及喝得过多、空腹运动和运动前吃了易产气或难消化的食物，都可能因机械刺激胃肠道引起腹痛。同时，运动尤其在剧烈运动时，大量血液从腹腔内转移到骨骼肌，导致胃肠道缺血、缺氧，加上代谢产物的刺激，更容易引起胃肠道的痉挛和功能紊乱。

3. 呼吸肌痉挛

运动过程中若未能注意调整好呼吸节奏，呼吸急促、表浅可使肋间肌、膈肌等呼吸肌收缩活动紊乱，严重者出现痉挛性收缩，进而引起腹痛。此外，准备活动的不充分或不做准备活动，也会影响呼吸肌的活动机能状态，造成呼吸肌缺氧，从而使腹痛加剧。由此产生的腹痛，当呼吸加深时，疼痛明显。

4. 腹腔脏器病变

腹腔脏器病变，如常见的病毒性肝炎、胆道疾病、消化道溃疡、炎症及胸部病变等是运动中腹痛的潜在因素，运动可使病变器官因受牵扯、震动等刺激而诱发腹痛。

（二）症状与体征

运动中腹痛的发生和运动有直接关系，疼痛程度和运动量大小、运动强度密切相关。在小运动量和低强度运动时，腹痛往往不明显，而当运动量和运动强度增加时，腹痛随之加剧。

腹痛的部位，视病变脏器所在之处而不同。肝脏瘀血肿胀、胆道疾病为右上腹痛；脾脏瘀血肿大为左上腹痛；胃痉挛、急慢性胃炎、胃十二指肠溃疡多为中上腹痛；阑尾炎、髂腰肌痉挛时右下腹痛；宿便刺激引起肠痉挛为左下腹痛；呼吸肌痉挛则季肋部痛。腹痛的性质因腹痛原因的不同而异。直接由运动引起的，多数为钝痛、胀痛。腹腔脏器有病变者，则多锐痛、牵扯痛、钻顶样痛及阵发性绞痛等。

（三）处理方法

运动中出现腹痛，可适当减慢速度，及时调整呼吸节奏，加深呼吸，协调好呼吸运动，同时用手按压疼痛的部位或弯腰跑一段，做几次深呼吸，疼痛可得到缓解。如上述处理效果不理想，则应停止运动，口服解痉药、点掐穴位（内关、足三里）或请医生处理。

（四）预防原则

加强全面训练，提高人体生理机能。遵守训练的科学原则，循序渐进地增加运动量。

合理安排膳食，运动前不宜饱餐或过多饮水；运动前做好充分的准备活动；运动中注意呼吸节奏，以及呼吸和动作的协调性。中长跑中合理分配速度。对各种疾病引起的腹痛，应积极治疗原发病，同时在医生的指导下进行体育活动。

四、珍珠球运动中的肌肉痉挛

肌肉痉挛是肌肉不自主地强直性收缩，俗称抽筋。运动过程中肌肉痉挛最易发生在小腿腓肠肌，其次为足底部的屈趾肌。

（一）病因与发病机理

1. 低温刺激

在未做准备活动或准备活动不充分的情况下，于低温环境中运动、训练，肌肉可因低温寒冷的刺激而兴奋性增高，以致引起肌肉强直性收缩，发生痉挛。

2. 电解质的过多丢失

维持肌肉的应激性是电解质的主要生理功能之一。体内电解质的平衡维持了正常的肌肉兴奋性。当在运动中大量出汗，如在高温环境中运动，长时间剧烈运动及运动员急性减体重，使体内的电解质（钙离子、钠离子、氯离子）随汗液大量流失，造成体内电解质平衡失调，肌肉兴奋性增高，发生肌肉痉挛。

3. 肌肉的收缩频率过快

在紧张激烈的运动中，肌肉呈连续过快地收缩而放松不够（放松时间过短），可破坏肌肉收缩、舒张的协调性，使肌肉发生强直收缩引起痉挛。

（二）症状与体征

痉挛时肌肉疼痛难忍，触之僵硬，邻近关节的患部因疼痛会出现暂时性功能障碍。

（三）处理方法

牵引痉挛的肌肉是常用的缓解办法，如小腿腓肠肌痉挛时，可取坐位或仰卧位，伸直膝关节，缓慢用力地将足部背伸；屈肘、屈趾肌痉挛时，则将足和足趾用力背伸。牵引过程中注意用力宜缓，切忌暴力，以防肌肉拉伤。同时，可配合局部按摩（如按压、揉、揉捏）、点穴（如承山、委中）等措施，有助于痉挛的迅速缓解。

（四）预防原则

平时要加强身体锻炼，提高机体抵抗力和对低温环境的适应能力。冬季运动注意防寒、保暖；夏季运动注意及时补充水、盐、维生素 B_1。运动前做好准备活动，对容易发生痉挛的肌肉，可在运动前适当按摩。